상상 N3

문자 / 어휘

예빈우
도서출판

목차

문자 어휘 Key Point

N3에서 문자어휘는 총 5파트로 구성되어 있으며 35문제가 출제된다. 본 교재는 N3를 준비하는 학습자 중에서, 상위 30%를 겨냥한 것으로서, 다소 문제가 어려울 수 있을 것이다. 하지만, 시중의 수많은 교재들은, N3 학습자들이 전혀 공부하지 않고 문제를 풀어도 어느 정도는 정답을 찾을 수 있는 문제가 많이 포함되어 있다. 저자의 현장 강의 경험으로는, 이러한 유형의 교재를 가지고 공부하는 것은 비생산적이고, 공부의 효율이 떨어진다고 생각된다. 따라서, N3학습자들이 어려워하는 문제들만 엄선해서 교재를 집필하면 공부하기에는 조금 까다로울 수 있지만, 시험에 합격하기 위해서는 큰 도움이 있을 것이라고 생각된다.

구성과 특징

Part. 1
[한자 읽기]

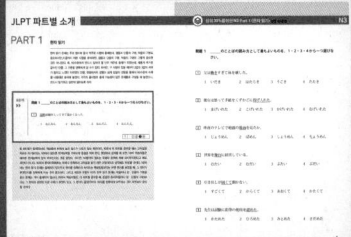

한자 읽기 문제는 주로 명사와 동사 위주로 시험에 출제된다. 장음과 단음의 구분, 탁음의 구분도 중요하지만,지금까지 치룬 시험을 분석하면, 장음과 단음의 구분, 탁음의 구분은 그렇게 중요한 것은 아니었다. 즉, N3수준에서 반드시 알아야 할 단어 위주로 출제가 되었는데, 새롭게 추가된 급수인 만큼, 그 기준을 명확하게 알 수가 없다. 하지만, 구 시험이 있을 때부터 2급과 3급의 차이가 많다고 느꼈던 저자였던 만큼, 현장에서의 경험과 교재 집필의 경험을 통해서 N3 수준의 어휘를 나름대로 분석해 놓았다. 각각의 품사별로 출제 가능성이 많은 문제들로 구성을 해 놓았으니, 반드시 암기하고 실전에 임하도록 하자.

Part. 2
[한자 찾기·한자 표기]

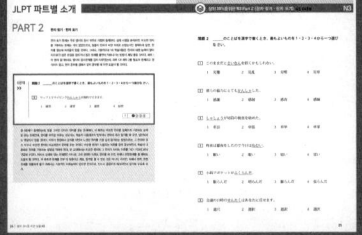

한자 표기 문제는 주로 명사와 동사 위주로 시험에 출제된다. 실제 시험을 분석하면, 비슷한 한자를 구분하는 문제는 거의 없었으므로, 밑줄의 한자가 어떤 의미로 쓰였는가만 정확하게 알면, 한자를 찾는데 어려움이 없을 것이다. 그러나, 기본적으로 N3 학습자들은 한자에 대한 능력이 떨어지므로(?) 많은 문장을 접하거나 많은 문제를 풀면서 익혀나가는 방법이 제일 좋을 것이다. 파트 1의 한자 읽기에서도 명사와 동사문제를 많이 다루었는데, 파트 1과 파트 2를 별도의 문제라고 생각하지 말고, 한자 공부를 겸해서 같이 공부를 해 두면 도움이 될 것이다.

Part. 3

문자 / 어휘파트에서 가장 많은 점수를 차지하는 파트이다. 물론, 충분한 어휘력이 있으면 정답을 쉽게 찾을 수는 있다. 하지만, 시험에는 학습자 여러분들이 아는 어휘만 출제된다는 보장이 없으므로, 많은 연습문제를 통해서 스스로의 실력을 체크하면서 부족한 품사의 어휘를 암기하는 것이 가장 효율적일 것이다. 그리고 이 파트는, 구 시험과 달리, 어휘의 정확한 뉘앙스를 알아야만 풀리는 문제는 극히 드물다. 즉, 얼마나 많은 어휘를 알고 있는가에 따라서 고득점을 받을 수가 있다는 것이다. 여러분의 학습량을 정확히 반영하는 파트이므로, 각각의 모의문제에 나와 있는 정답과 보기의 어휘들을 정확하게 암기하도록 하자.

Part. 4

[유의어·대체어]

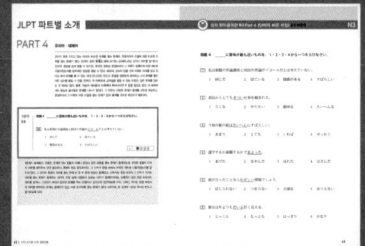

단어가 원래 가지고 있는 의미와 비슷한 어휘를 찾는 문제와, 문장에서의 쓰임에 따른 비슷한 어휘를 찾는 문제가 있다. 전자의 경우,「非常に:매우」와「だいぶ:매우」라는 단어의 의미를 암기하고 있으면, 정답을 쉽게 찾을 수 있지만, 후자의 경우는 문장에서의 그 어휘가 정확하게 어떤 의미로 사용되었는지를 알아야만 정답을 찾을 수 있다. 따라서, 단순히 밑줄 선의 어휘의 의미를 알고 있다고 해서 문제를 풀 수 있는 것이 아니므로, 반드시 문장을 정확하게 해석하고 나서 문제를 풀어야만 실수를 줄일 수 있을 것이다. 이 파트에서 고득점을 올릴 수 있는 비법은, 많은 문제를 접하는 것 외에는 없다. 물론, 학습자 여러분의 어휘력이 뛰어나다면 두 말할 필요도 없다. 이 파트에서는 별도로 품사별로 문제를 나누지 않았다. 그 이유는 다양한 문제가 출제될 것으로 예상되고, 문장에서의 그 어휘의 바른 쓰임을 묻는 문제가 많이 출제될 것으로 예상되기 때문이다.

Part. 5

[단어의 바름 쓰임]

이 파트가 N3 문자 어휘에서 가장 어려울 것이다. 단어의 정확한 의미와 뉘앙스, 문장에서의 바른 쓰임까지 같이 알아야 하기 때문이다. 이 파트는 높은 수준의 어휘의 뜻이나 뉘앙스를 묻는 문제가 출제되지는 않겠지만, 그 단어가 가지고 있는 일본어로서의 정확한 의미와 뉘앙스를 모르면 정답을 찾기가 쉽지 않다. 어떤 특정한 품사에서 출제되지는 않고, 모든 품사, 심지어는 문법적인 문제까지도 출제될 가능성이 크다. 파트 1에서 4까지를 충분히 학습을 하였다면 파트 5눈 큰 어려움 없이 정답을 찾을 수 있을 것이다.

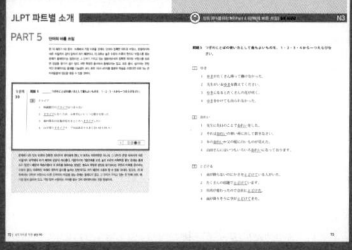

JLPT 파트별 소개

PART 1 　한자 읽기

한자 읽기 문제는 주로 명사와 동사 위주로 시험에 출제된다. 장음과 단음의 구분, 탁음의 구분도 중요하지만, 지금까지 치룬 시험을 분석하면, 장음과 단음의 구분, 탁음의 구분은 그렇게 중요한 것은 아니었다. 즉, N3수준에서 반드시 알아야 할 단어 위주로 출제가 되었는데, 새롭게 추가된 급수인 만큼, 그 기준을 명확하게 알 수가 없다. 하지만, 구 시험이 있을 때부터 2급과 3급의 차이가 많다고 느꼈던 저자였던 만큼, 현장에서의 경험과 교재 집필의 경험을 통해서 N3수준의 어휘를 나름대로 분석해 놓았다. 각각의 품사별로 출제 가능성이 많은 문제들로 구성을 해 놓았으니, 반드시 암기하고 실전에 임하도록 하자

8문제
≫

問題 1 ＿＿＿＿のことばの読み方として最もよいものを、１・２・３・４から一つえらびなさい。

1　温暖前線が入ってきて温かくなった。

　　1　おんかん　　　2　おんなん　　　3　おんだん　　　4　おんたん

1	① ② ❸ ④

총 8문제가 출제되는데, 학습량에 비해서 높은 점수가 나오지 않는 파트이다. 따라서 이 파트를 공부할 때는 고득점을 목표로 하기보다는, N3에서 필요한 한자능력을 키우는데 중점을 둬야 한다. 현장에서 강의를 해 보면, N3의 학습자들은 대부분 한자능력이 많이 뒤쳐진다는 것을 알 수 있다. 하지만, N3합격의 열쇠는 독해와 청취에 의해 좌지우지된다고 해도 과언이 아니다. 따라서 문자어휘파트는 독해나 청취에서 고득점을 받기 위한 과정이라고 생각해도 무방할 것이다. 그리고 새로운 유형의 N3의 한자 읽기 문제는 탁음이나 장·단음의 구분을 묻는 문제는 거의 출제되지 않는다. 따라서 학습자들은, 이 파트를 공부할 때, 꼼꼼한 준비(탁음이나 장·단음의 구분)보다는 그 한자와 관련된 다른 어휘가 무엇이 있고, 그 한자의 음(한국어의 의미)를 정확하게 파악하는 것이 무엇보다 중요할 것이다

問題1 ＿＿＿＿のことばの読み方として最もよいものを、1・2・3・4から一つ選びなさい。

1 父は働きすぎて体を壊した。

1 いだき　　　　2 はたらき　　　3 うごき　　　　4 たたき

2 彼女は怒って手紙をくずかごに投げ入れた。

1 まげいれた　　2 こげいれた　　3 かげいれた　　4 なげいれた

3 昨夜のテレビで地震の場面を見たか。

1 じょうめん　　2 ばめん　　　　3 しょうめん　　4 ちょうめん

4 世界を舞台に経営している。

1 むたい　　　　2 むだい　　　　3 ぶたい　　　　4 ぶだい

5 引き出しが固くて開かない。

1 すごくて　　　2 からくて　　　3 あおくて　　　4 かたくて

6 先生は試験に鉛筆の使用を認めた。

1 かためた　　　2 ひろめた　　　3 みとめた　　　4 さだめた

7　車に酔って吐きそうになった。

　　1　とき　　　　　2　はき　　　　　3　まき　　　　　4　さき

8　駅までの道順を教えてください。

　　1　とうじゅん　　2　みちじゅん　　3　どうじゅん　　4　どうしゅん

9　東京で国際会議が開かれた。

　　1　かいぎ　　　　2　かいき　　　　3　かいい　　　　4　けいぎ

10　観衆は水を打ったように静かになった。

　　1　おだやか　　　2　あたたか　　　3　あきらか　　　4　しずか

11　病人の頭を氷で冷やした。

　　1　ひやした　　　2　はやした　　　3　ふやした　　　4　もやした

12　口をすべらせて彼女を怒らせてしまった。

　　1　ゆでらせて　　2　おこらせて　　3　もぐらせて　　4　しからせて

13 二つの線は<u>直角</u>を成している。

1 しょっかく 2 じきかく 3 ちょくかく 4 ちょっかく

14 今度の週末に<u>釣り</u>に出掛けよう。

1 まり 2 そり 3 つり 4 かり

15 彼女は図書館で<u>低い</u>声で話した。

1 せまい 2 あらい 3 あさい 4 ひくい

16 彼女は青い着物に白っぽい帯を<u>締めて</u>いた。

1 さめて 2 こめて 3 しめて 4 やめて

17 彼女は結婚するので会社を<u>辞めた</u>。

1 やめた 2 そめた 3 とめた 4 ためた

18 この店は木曜日が<u>定休日</u>だ。

1 じょうきゅうび 2 ていきゅうにち 3 ていきゅうび 4 ていきゅうひ

19 <u>臭い</u>がして部屋を掃除した。

　　1　やまい　　　　2　あおい　　　　3　くさい　　　　4　におい

20 残りのスープを<u>温かく</u>して食べた。

　　1　やわらかく　　2　こまかく　　　3　あたたかく　　4　みじかく

21 日本は自動車産業で他国と<u>争って</u>いる。

　　1　ととのって　　2　まとまって　　3　たたかって　　4　あらそって

22 彼は事業の失敗をひどく<u>悩んで</u>いる。

　　1　くやんで　　　2　つつんで　　　3　のぞんで　　　4　なやんで

23 会議に<u>提出</u>する書類を作っている。

　　1　せいしゅつ　　2　ていしゅつ　　3　だしじゅつ　　4　でしゅつ

24 公園にはたくさんのさくらの木が<u>植えて</u>ある。

　　1　こえて　　　　2　もえて　　　　3　うえて　　　　4　たえて

[25] 交渉は大事な局面を迎えた。

1　おおごど　　　　2　たいへん　　　　3　たいじ　　　　4　だいじ

[26] 彼の声は怒りのあまり震えていた。

1　こらえて　　　　2　そなえて　　　　3　ふるえて　　　　4　かまえて

[27] 時計の針はもう10時を指していた。

1　かして　　　　　2　さして　　　　　3　おして　　　　　4　こして

[28] やかんがストーブの上で湯気を立てている。

1　ゆけ　　　　　　2　ゆげ　　　　　　3　ゆき　　　　　　4　ゆぎ

[29] あの川の流域に昔、村があったそうだ。

1　りゅうえき　　　2　りゅういき　　　3　るういき　　　　4　るうえき

[30] 泳ぐ前に体操をして体を柔らかくしなさい。

1　やわらかく　　　2　ほがらかく　　　3　なめらかく　　　4　きよらかく

31 船は氷をくだいて進んだ。

　　1　はこんだ　　　2　えらんだ　　　3　すすんだ　　　4　のぞんだ

32 少年は新聞を配って歩いた。

　　1　ほうって　　　2　ねらって　　　3　つまって　　　4　くばって

33 両社の業績を比較して驚くものがあった。

　　1　ひこく　　　　2　ひきょう　　　3　ひかく　　　　4　ひこう

34 母は包丁で肉を切っていた。

　　1　ぼうてい　　　2　ほうてい　　　3　ぼうちょう　　4　ほうちょう

35 このカレーライスは辛すぎて食べられない。

　　1　からすぎて　　2　つらすぎて　　3　もろすぎて　　4　のろすぎて

36 故障はないかと機械を調べた。

　　1　のべた　　　　2　しらべた　　　3　くらべた　　　4　ならべた

37 詳しいことは秘書にお尋ねください。

　　1　たずね　　　　2　かさね　　　　3　ゆだね　　　　4　まね

38 山田さんは密林の冒険を楽しんでいる。

　　1　ほうけん　　　2　ぼうけん　　　3　ぼうげん　　　4　ほうげん

39 酒場の従業員は高校の同級生だった。

　　1　さけじょう　　2　さかじょう　　3　さけば　　　　4　さかば

40 結婚してまだ日が浅い。

　　1　あさい　　　　2　ふかい　　　　3　せまい　　　　4　にぶい

41 落ち葉を寄せて火を付けた。

　　1　よせて　　　　2　あせて　　　　3　のせて　　　　4　きせて

42 今攻めている側がアメリカです。

　　1　ためて　　　　2　さめて　　　　3　せめて　　　　4　ほめて

43 その公園の周囲は高いビルにかこまれている。

1 しゅい 2 しゅうい 3 ちゅうい 4 ちゅい

44 新築アパートは住居者を募集していた。

1 じゅうこ 2 じゅうきょ 3 じゅうきょう 4 じゅきょ

45 彼の行動は法律的に正しいです。

1 おそろしい 2 きびしい 3 したしい 4 ただしい

46 高層アパート群が海岸にそびえ立っている。

1 こうそう 2 こうしょう 3 こうぞう 4 こうじょう

47 先生からピアノの個人教授を受けています。

1 きょうじゅう 2 きょうじゅ 3 きょじゅう 4 きょじゅ

48 老人を助けてバスに乗せてあげた。

1 たすけて 2 むけて 3 ぶつけて 4 とどけて

49 スキーを車の屋根に乗せて出掛けた。

　　1　やせて　　　　2　あせて　　　　3　のせて　　　　4　よせて

50 彼の両親はしつけに厳しい。

　　1　くやしい　　　2　けわしい　　　3　きびしい　　　4　さびしい

51 知らない土地で道に迷ったら困まる。

　　1　しまる　　　　2　こまる　　　　3　あまる　　　　4　とまる

52 韓国がワールドカップで優勝した。私は韓国人であることを誇りに思った。

　　1　ほこり　　　　2　いかり　　　　3　わたり　　　　4　かおり

53 この地方は牧畜が盛んだ。

　　1　ぼくしゅく　　2　もくしゅく　　3　ぼくちく　　　4　もくちく

54 彼と一緒に飲んでとても愉快だった。

　　1　ゆうかい　　　2　ゆかい　　　　3　りゅかい　　　4　りゅうかい

55 君が思うほど世の中は甘くないぞ。

1 つらく　　　　2 からく　　　　3 あまく　　　　4 くどく

56 名簿から彼の名前を消した。

1 おした　　　　2 ました　　　　3 さした　　　　4 けした

57 この島はついこの間までフランスに属していた。

1 ぞくして　　　2 そくして　　　3 とくして　　　4 よくして

58 彼らの間には論争が絶えない。

1 ゆうそう　　　2 ゆそう　　　　3 ろんそう　　　4 りんそう

59 みんな横断歩道を渡ろうとしている。

1 ほど　　　　　2 ほうど　　　　3 ほうどう　　　4 ほどう

60 英語は私の得意な科目ではない。

1 どくぎ　　　　2 どくい　　　　3 とくぎ　　　　4 とくい

61 公園には紙くずや空き缶が散らかっていた。

　　1　さらかって　　　2　からかって　　　3　ちらかって　　　4　ばらかって

62 誤って指を針で突いてしまった。

　　1　まいて　　　　　2　といて　　　　　3　ついて　　　　　4　ういて

63 灯台は海の警察官でもある。

　　1　とだい　　　　　2　とうだい　　　　3　とうたい　　　　4　とたい

64 彼女の夫は3年前に蒸発したきりである。

　　1　そうはつ　　　　2　しょうはつ　　　3　じょうはつ　　　4　ぞうはつ

65 彼女は年のわりには若々しい。

　　1　わかわかしい　　2　くうくうしい　　3　こうこうしい　　4　じゃくじゃくしい

66 安い料金で車を借りた。

　　1　たりた　　　　　2　おりた　　　　　3　かりた　　　　　4　こりた

67 彼のおかげで楽しい休暇を過ごした。

    1　かごした　　　　2　うごした　　　　3　すごした　　　　4　まごした

68 役人が食堂の衛生状態の検査に来た。

    1　けんしゃ　　　　2　けんさ　　　　3　げんしゃ　　　　4　げんさ

69 医者は彼女の骨折した脚の治療をした。

    1　こっせつ　　　　2　こっぜつ　　　　3　こつせつ　　　　4　こつぜつ

70 つまらない会議に出席するのは惜しい。

    1　きつい　　　　2　うまい　　　　3　おしい　　　　4　ぬるい

71 若い時はそんなに優れた小説家になるとは思われなかった。

    1　たおれた　　　　2　すぐれた　　　　3　こわれた　　　　4　おわれた

72 歩行者専用道路だから車は通れない。

    1　とおれない　　　　2　かよれない　　　　3　かわれない　　　　4　さわれない

73 博物館内は<u>撮影</u>禁止です。

    1　ざつげい　　　　2　ざつえい　　　　3　さつえい　　　　4　さつげい

74 <u>婦人</u>の肌着売場は何階ですか。

    1　ふじん　　　　　2　ふにん　　　　　3　ふうじん　　　　4　ふうにん

75 私の心臓ではジョギングは<u>危ない</u>と言われた。

    1　あぶない　　　　2　すくない　　　　3　やまない　　　　4　おさない

76 私の<u>数え</u>きれない愛を君にやりたい。

    1　おぼえ　　　　　2　たとえ　　　　　3　おしえ　　　　　4　かぞえ

77 二人はそこで<u>出会う</u>べき運命になっていた。

    1　であう　　　　　2　だあう　　　　　3　だしあう　　　　4　しゅつあう

78 この件についての<u>責任</u>はすべて幹部がとるべきだ。

    1　せいにん　　　　2　せきにん　　　　3　せくいん　　　　4　せくにん

79　公営放送の民営化をめぐって議論が続いた。

　　1　はいそう　　　　2　はいそ　　　　　3　ほうそう　　　　4　ほうそ

80　他人のために犠牲するそこが彼女の偉いところだ。

　　1　きつい　　　　　2　のろい　　　　　3　からい　　　　　4　えらい

81　会議をしている最中に、携帯電話が鳴って困ってしまった。

　　1　とって　　　　　2　なって　　　　　3　かって　　　　　4　もって

82　このままでは無理だが、条件が変われば、もう一度考えないことはない。

　　1　とわれば　　　　2　いわれば　　　　3　さわれば　　　　4　かわれば

83　事故現場で自分の子供を見つけた親はかなしさのあまり、泣いてしまった。

　　1　じこう　　　　　2　じこ　　　　　　3　しこう　　　　　4　しこ

84　このごろは万年筆のかわりにボールペンを使う。

　　1　ばんねんひつ　　2　ばんねんぴつ　　3　まんねんひつ　　4　まんねんぴつ

85 部活と受験は悲しいことにお互いをじゃましあいます。

1 かなしい　　　2 さびしい　　　3 うれしい　　　4 きびしい

86 みんなで決めた規則だから、守らなければならない。

1 とまらなければ　　　　　　　2 かえらなければ

3 まもらなければ　　　　　　　4 なおらなければ

87 せっかく海へ行ったのに、寒くて泳ぐどころではなかった。

1 およぐ　　　　2 さわぐ　　　　3 しのぐ　　　　4 あおぐ

88 去年インドから帰国した直後、私は「こんなところ二度と行くものか」と心の中で
思ったことがあった。

1 ちょっこう　　　2 ちょくこ　　　3 ちょくご　　　4 ちょくごう

89 息子は列車に間に合うように早く家を出た。

1 れつしゃ　　　2 ねつしゃ　　　3 ねっしゃ　　　4 れっしゃ

90 コストがかかっていないから、一般的なホームページは自己満足にすぎない。

1 いちばんてき　　2 にっぱんてき　　3 いっぱんてき　　4 にちばんてき

91 会議は第一会議室において行われる。

1 いわれる　　　2 かわれる　　　3 まわれる　　　4 おこなわれる

92 今朝、雨の音に目を覚ました。

1 もました　　　2 だました　　　3 さました　　　4 しました

93 この大学は歴史が長いだけに伝統がある。

1 でんとう　　　2 てんとう　　　3 でんどう　　　4 てんどう

94 理論だけではよく分からない。実際に使ってみてはじめて通じるかどうか判断できる。

1 じつさい　　　2 しつさい　　　3 じっさい　　　4 しっさい

95 お宅の息子さんは頼もしいですね。

1 あさもしい　　2 たのもしい　　3 いさもしい　　4 のぞもしい

96 あの兄弟は本当によく似ている。写真を見ても、親でもまちがえるぐらいだ。

1 みて　　　　　2 して　　　　　3 にて　　　　　4 もて

97 寒くてマフラーに顔を半分埋めた。

    1　こめた   2　とめた   3　さめた   4　うめた

98 どんなに実力のある先生でも、やる気のない生徒には教えようがない。

    1　じっりょく   2　じつりょく   3　じっりき   4　じつりき

99 このレコードは雑音がひどくなって捨ててしまった。

    1　ざつおん   2　さつおん   3　ざつおと   4　さつおと

100 この予算では足が出るのは当たり前だ。

    1　あたりぜんだ   2　あたりまえだ   3　いたりぜんだ   4　いたりまえだ

JLPT 파트별 소개

PART 2 한자 찾기 · 한자 표기

한자 표기 문제는 주로 명사와 동사 위주로 시험에 출제된다. 실제 시험을 분석하면, 비슷한 한자를 구분하는 문제는 거의 없었으므로, 밑줄의 한자가 어떤 의미로 쓰였는가만 정확하게 알면, 한자를 찾는데 어려움이 없을 것이다. 그러나, 기본적으로 N3 학습자들은 한자에 대한 능력이 떨어지므로(?) 많은 문장을 접하거나 많은 문제를 풀면서 익혀나가는 방법이 제일 좋을 것이다. 파트 1의 한자 읽기에서도 명사와 동사문제를 많이 다루었는데, 파트 1과 파트 2를 별도의 문제라고 생각하지 말고, 한자 공부를 겸해서 같이 공부를 해 두면 도움이 될 것이다.

6문제
▶▶

問題2 ＿＿＿＿のことばを漢字で書くとき、最もよいものを１・２・３・４から一つ選びな さい。

⑨ ウェブ上でタイピング<u>れんしゅう</u>が無料でできます。

1 練習　　　　2 運習　　　　3 連習　　　　4 結習

| 1 | ❶②③④ |

총 6문제가 출제되는데, 밑줄 그어진 단어의 한자를 찾는 문제이다. 이 파트는 비슷한 한자를 정확하게 구분하는 능력을 묻는 문제인데, 한자를 무작정 외우는 것보다는, 학습자 나름대로의 법칙이나 원칙에 따라 암기를 해 두면, 실전에서는 헷갈리지 않을 것이다. 저자가 현장에서 강의를 하면서 느꼈던 한자를 가장 쉽게 암기하는 방법으로는, 그 한자에 있는 부수나, 비슷한 한자와 비교하면서 공부를 하는 것이다. 비슷한 한자가 사용되는 어휘를 함께 공부하면서, 학습자 나름대로 한자를 구분하는 방법을 익혀야 한다. 본 교재에서는 비슷한 한자와 그 한자가 쓰이는 어휘를 「KEY POINT」에서 언급해 두었다. 따라서 교재에 있는 문제뿐만 아니라, 그와 관련된 어휘도 공부를 해 두면, 독해나 문법문제를 풀 때에도 도움이 될 것이다. 이 파트의 문제를 전부 다 맞춘다고 해도, 합격을 할 수 있는 것은 아니다. 하지만, 독해나 청취, 문법문제를 원활하게 풀기 위해서는 기본적인 어휘능력이 없으면 안되므로, 반드시 꼼꼼하게 체크하면서 암기해 두도록 하자.

問題 2　＿＿＿のことばを漢字で書くとき、最もよいものを１・２・３・４から一つ選び なさい。

① このままだとさいなんを招くかもしれない。

　　1　災難　　　　　2　災乱　　　　　3　災嘆　　　　　4　災寒

② 彼らの協力にとてもかんしゃした。

　　1　感謝　　　　　2　感射　　　　　3　感査　　　　　4　感師

③ しゃしょうが切符の検査を始めた。

　　1　車長　　　　　2　車張　　　　　3　車挙　　　　　4　車掌

④ 昨夜は徹夜をしたので今日はねむい。

　　1　眠い　　　　　2　眼い　　　　　3　寝い　　　　　4　覚い

⑤ 小銭でポケットがふくらんだ。

　　1　脹らんだ　　　2　増らんだ　　　3　膨らんだ　　　4　張らんだ

⑥ 会議の日時のせんたくはあなたに任せます。

　　1　選尺　　　　　2　選択　　　　　3　選訳　　　　　4　選沢

7 走者は最後のちょくせんコースに入った。

  1 直選   2 直先   3 直綿   4 直線

8 台風の影響で船がどうようしはじめた。

  1 働揺   2 動揺   3 動謡   4 働謡

9 彼の外国文化の知識はせまい。

  1 挟い   2 狭い   3 陝い   4 峡い

10 雨で濡れた衣類をストーブでほした。

  1 干した   2 汗した   3 渉した   4 燥した

11 今日は主語とじゅつごの授業をしました。

  1 術語   2 述語   3 茂語   4 朮語

12 美術展は１月20日から２月20日までかいさいされる。

  1 開崔   2 開最   3 閉催   4 開催

13 道沿いに<u>なみき</u>が植えられていた。

    1 並木　　　　　2 植木　　　　　3 苗木　　　　　4 枯木

14 風邪を<u>なおさない</u>と外出できませんよ。

    1 直さない　　　2 治さない　　　3 修さない　　　4 良さない

15 <u>よった</u>勢いで隣に座っていた女の子にキスをしようとした。

    1 酒った　　　　2 寄った　　　　3 酔った　　　　4 砕った

16 町は白い<u>きり</u>につつまれていた。

    1 雪　　　　　　2 露　　　　　　3 霧　　　　　　4 霜

17 雨のため学校の<u>こうどう</u>で卒業式が行われた。

    1 購堂　　　　　2 構堂　　　　　3 溝堂　　　　　4 講堂

18 毎月３万円ずつ銀行に<u>よきん</u>している。

    1 預金　　　　　2 貯金　　　　　3 矛金　　　　　4 予金

19 先輩のちからづよいお言葉に気持ちが明るくなりました。

    1　力弾い　　　　　2　力勉い　　　　　3　力弱い　　　　　4　力強い

20 彼のなまいきな態度は我慢できない。

    1　生衣気　　　　　2　生依気　　　　　3　生意気　　　　　4　名意気

21 このしみはせんたくしても落ちない。

    1　洗擢　　　　　　2　洗曜　　　　　　3　洗躍　　　　　　4　洗濯

22 引っ越すときに家具はそうこに預けた。

    1　倉顧　　　　　　2　創固　　　　　　3　倉庫　　　　　　4　創庫

23 みんなで旅のにっていを立てている。

    1　日情　　　　　　2　日定　　　　　　3　日程　　　　　　4　日政

24 お祖母さんは孫の顔を目をほそくして眺めた。

    1　鋭く　　　　　　2　削く　　　　　　3　詳く　　　　　　4　細く

25 凍った道で車が<u>すべった</u>。

1 揺った 　　　2 柔った 　　　3 清った 　　　4 滑った

26 道路に右折禁止の<u>ひょうしき</u>が出ている。

1 標職 　　　2 標識 　　　3 標織 　　　4 標⊠

27 アメリカは<u>うちゅう</u>にロケットを発射した。

1 遇宙 　　　2 優宙 　　　3 友宙 　　　4 宇宙

28 車の<u>そうおん</u>で眠れなかった。

1 験音 　　　2 触音 　　　3 騒音 　　　4 騒声

29 彼女は<u>やさしく</u>娘の頭をなでた。

1 憂しく 　　　2 軽しく 　　　3 易しく 　　　4 優しく

30 社員は人事異動を<u>よろこばなかった</u>。

1 福ばなかった 　2 楽ばなかった 　3 嬉ばなかった 　4 喜ばなかった

31 すべてのしょくぶつが霜でだめになった。

     1　値物　　　　　 2　置物　　　　　 3　植物　　　　　 4　直物

32 彼女のみょうじは杉本です。

     1　名学　　　　　 2　名字　　　　　 3　文字　　　　　 4　命字

33 彼は実にりっぱな人物だと私は思っている。

     1　立破　　　　　 2　立波　　　　　 3　立歯　　　　　 4　立派

34 彼はあたたかくお客さんに接した。

     1　温かく　　　　 2　暑かく　　　　 3　暖かく　　　　 4　泉かく

35 彼女は帽子がドレスによくにあっていた。

     1　似会って　　　 2　以会って　　　 3　似合って　　　 4　以合って

36 しゅしょう主催の「さくらを見る会」が行われた。

     1　首象　　　　　 2　首像　　　　　 3　首相　　　　　 4　首想

37 列車混雑のため一時<u>かいさつ</u>止めになった。

1 改礼 　　　　2 改札 　　　　3 開礼 　　　　4 開札

38 ここは撮影<u>きんし</u>になっている。

1 歴止 　　　　2 暦止 　　　　3 禁示 　　　　4 禁止

39 彼の成功の見込みは<u>すくない</u>。

1 砂ない 　　　2 沙ない 　　　3 小ない 　　　4 少ない

40 現金で<u>はらう</u>と安くなる。

1 支う 　　　　2 払う 　　　　3 料う 　　　　4 給う

41 <u>えんじょ</u>交際が社会問題となった。

1 教助 　　　　2 円助 　　　　3 援助 　　　　4 援造

42 関係者以外<u>たちいり</u>禁止ですから入らないでください。

1 経人 　　　　2 立入 　　　　3 立人 　　　　4 経入

43 おじいさんは今、故郷のはかに眠っている。

1 欺   2 旗   3 墓   4 基

44 韓国はふるい歴史のある国です。

1 告い   2 古い   3 姑い   4 故い

45 我々は林の中を数キロすすんだ。

1 勧んだ   2 進んだ   3 行んだ   4 弾んだ

46 このせんでんはあまり効果がなかった。

1 善転   2 善伝   3 宣転   4 宣伝

47 もう少しこうか的な方法はありませんか。

1 郊果   2 効果   3 郊課   4 効課

48 さいよう人員は少なかった。

1 際用   2 彩用   3 採用   4 菜用

49 運動場に雪がうすく積もっていた。

 1 専く   2 搏く   3 博く   4 薄く

50 諸君が全力をつくすことをのぞみます。

 1 念みます   2 望みます   3 願みます   4 希みます

51 このあたりはとても静かだ。

 1 辺り   2 周り   3 当り   4 週り

52 おそろしい光景を目の前にした。

 1 怖ろしい   2 恐ろしい   3 寂ろしい   4 悲ろしい

53 せっかくのさそいだったが、断わることにした。

 1 勧い   2 遊い   3 誘い   4 迷い

54 日焼けして顔がくろくなった。

 1 焼く   2 隅く   3 黒く   4 暗く

55 なぜか分からないが彼は私をうらんでいる。

1 望んで 　　　　2 限んで 　　　　3 恨んで 　　　　4 悩んで

56 交番のお巡りさんにれんらくした。

1 連落 　　　　2 錬落 　　　　3 錬絡 　　　　4 連絡

57 遊園地でまいごになってしまいました。

1 枚子 　　　　2 舞子 　　　　3 米子 　　　　4 迷子

58 あのいわは大きいので、動かすのは大変だ。

1 石 　　　　2 岩 　　　　3 谷 　　　　4 岳

59 知らせを聞いて親の顔はあかるくなった。

1 照るく 　　　　2 明るく 　　　　3 朗るく 　　　　4 光るく

60 年のせいか最近髪の毛がよくぬける。

1 投ける 　　　　2 抜ける 　　　　3 脱ける 　　　　4 絡ける

61 母のびょうじょうが悪くなったと聞いた。

1 病上 　　　　 2 病状 　　　　 3 病態 　　　　 4 病壮

62 みんなの卒業写真を撮るので、せいれつしてください。

1 正例 　　　　 2 正列 　　　　 3 整例 　　　　 4 整列

63 オーケストラのしきをとるのはとても大変です。

1 地揮 　　　　 2 地気 　　　　 3 指揮 　　　　 4 指気

64 日中はすごく暑かったが、夕方にはすずしくなった。

1 寒しく 　　　 2 冷しく 　　　 3 涼しく 　　　 4 京しく

65 私の感謝の気持ちは言葉ではあらわせません。

1 表せません 　　 2 現せません 　　 3 濯わせません 　 4 著せません

66 これは19せいきから1920年代にかけてのジャズの用語辞典です。

1 世記 　　　　 2 世紀 　　　　 3 世姫 　　　　 4 世期

67 夜の道路を走る<u>さいしゅう</u>バスを見て私は変な思いをした。

   1　歳終　　　　　2　最終　　　　　3　際終　　　　　4　再終

68 腕に<u>はり</u>で刺すような痛みを感じた。

   1　銭　　　　　　2　針　　　　　　3　鉱　　　　　　4　鉢

69 大体まゆの<u>ふとい</u>人には美人が多い。

   1　満い　　　　　2　太い　　　　　3　肥い　　　　　4　犬い

70 彼は途中私を<u>さそって</u>車で海岸まで連れて行ってくれた。

   1　勧って　　　　2　透って　　　　3　誘って　　　　4　秀って

71 あくびが教室中に<u>でんせん</u>した。

   1　伝染　　　　　2　転染　　　　　3　伝線　　　　　4　転線

72 <u>とくしょく</u>のある彼の声にみんなが分かったらしい。

   1　独色　　　　　2　得色　　　　　3　特色　　　　　4　持色

73 私は彼ほど<u>いだい</u>な人物はいないと思う。

    1 衛代　　　　　　2 違大　　　　　　3 偉大　　　　　　4 偉代

74 明日から開店時間が1時間<u>おそく</u>なります。

    1 達い　　　　　　2 刻く　　　　　　3 遅く　　　　　　4 違く

75 だんなは息子を野球場に<u>つれて</u>行った。

    1 垂れて　　　　　2 連れて　　　　　3 結れて　　　　　4 絡れて

76 警察は<u>すいり</u>して犯人を割り出した。

    1 抽里　　　　　　2 抽理　　　　　　3 推理　　　　　　4 推里

77 気象庁は強風警報を<u>かいじょ</u>した。

    1 解除　　　　　　2 解徐　　　　　　3 解余　　　　　　4 解提

78 戦後、<u>げんゆ</u>の価格が上がった。

    1 原油　　　　　　2 願油　　　　　　3 源油　　　　　　4 原由

79 少女たちは会場で<u>まるく</u>座った。

  1 丸く   2 九く   3 原く   4 員く

80 バイオリンの腕を<u>みがき</u>に留学した。

  1 術がきに   2 麻がきに   3 歴がきに   4 磨がきに

81 臓器バンクに提供者として<u>とうろく</u>した。

  1 等録   2 登録   3 登緑   4 澄緑

82 この絵は平和を<u>しょうちょう</u>している。

  1 像懲   2 象激   3 像徴   4 象徴

83 彼は<u>けんやく</u>な生活を心がけた。

  1 剣約   2 険約   3 験約   4 倹約

84 明りが<u>くらくて</u>本が読めない。

  1 音くて   2 暗くて   3 闇くて   4 黒くて

85 天井から舞台に紙吹雪を<u>ちらした</u>。

    1　散らした　　　　2　降らした　　　3　分らした　　　4　舞らした

86 <u>じゅぎょう</u>をサボるのは目にあまることだ。

    1　収業　　　　　　2　修業　　　　　3　受業　　　　　4　授業

87 この布は重さが感じられないほど<u>かるい</u>。

    1　茎い　　　　　　2　軽い　　　　　3　径い　　　　　4　経い

88 絶対的な<u>けんこう</u>はありえないということだ。

    1　建康　　　　　　2　件康　　　　　3　乾康　　　　　4　健康

89 その子は<u>きたない</u>食べ方をするのでよく叱られる。

    1　汚い　　　　　　2　散い　　　　　3　破い　　　　　4　壊い

90 飲み過ぎが健康に<u>ひびいた</u>。

    1　盤いた　　　　　2　影いた　　　　3　響いた　　　　4　郷いた

91 修学旅行ですてきな女の子に出会った。

　1　素摘　　　　　2　素適　　　　　3　素滴　　　　　4　素敵

92 怪我をして指に包帯をまいた。

　1　拳いた　　　　2　券いた　　　　3　包いた　　　　4　巻いた

93 昨日の地震で地面がわれた。

　1　消れた　　　　2　削れた　　　　3　割れた　　　　4　害れた

94 今年は例年よりはとてもむしあつい。

　1　熱し暑い　　　2　湯し暑い　　　3　虫し暑い　　　4　蒸し暑い

95 最近は活気にみちた若者たちが少ない。

　1　替ちた　　　　2　満ちた　　　　3　溢ちた　　　　4　充ちた

96 社長は私の不注意をせめた。

　1　責めた　　　　2　積めた　　　　3　績めた　　　　4　絡めた

97 私は池田教授にドイツ語を<u>おそわった</u>。

1 教わって 　　　 2 学わって 　　　 3 習わって 　　　 4 授わって

98 駅で手荷物を<u>あずけた</u>。

1 任けた 　　　 2 預けた 　　　 3 積けた 　　　 4 貯けた

99 この問題は<u>むずしくて</u>解けない。

1 漢しくて 　　　 2 嘆しくて 　　　 3 難しくて 　　　 4 寒しくて

100 今夜は昨夜に比べてひどく<u>むす</u>。

1 刺す 　　　 2 暑す 　　　 3 熱す 　　　 4 蒸す

JLPT 파트별 소개

PART 3 공란메우기, 문맥규정

문자／어휘파트에서 가장 많은 점수를 차지하는 파트이다. 물론, 충분한 어휘력이 있으면 정답을 쉽게 찾을 수는 있다. 하지만, 시험에는 학습자 여러분들이 아는 어휘만 출제된다는 보장이 없으므로, 많은 연습문제를 통해서 스스로의 실력을 체크하면서 부족한 품사의 어휘를 암기하는 것이 가장 효율적일 것이다. 그리고 이 파트는, 구 시험과 달리, 어휘의 정확한 뉘앙스를 알아야만 풀리는 문제는 극히 드물다. 즉, 얼마나 많은 어휘를 알고 있는가에 따라서 고득점을 받을 수가 있다는 것이다. 여러분의 학습량을 정확히 반영하는 파트이므로, 각각의 모의문제에 나와 있는 정답과 보기의 어휘들을 정확하게 암기하도록 하자.

6문제

>>

問題 3 ＿＿＿＿に入れるのに最もよいものを、１・２・３・４から一つえらびなさい。

15 この機械は彼が（　　　　）したものだ。

1 発言　　　　2 発明　　　　3 発想　　　　4 発見

| 1 | ① ❷ ③ ④ |

총 11문제가 출제된다. 파트 3에서 출제되는 문제는 다양하다. 그 유형을 살펴보면,

(1) 한자음 명사의 의미를 묻는 것

(2) *カタカナ*

(3) 그 외의 품사(동사 · 형용사 계열 · 부사)

이다. 그럼 이 파트를 어떤 식으로 대비를 해야하는지 알아보자.

(1) 한자음 명사의 의미를 묻는 것은 보기에 있는 한자의 의미를 정확하게 알고 있으면 정답을 찾는데는 어렵지 않다. 이 파트에서 가장 많은 비중을 차지하는데, 예를 들면,

ここにお名前とご住所を（　）してください。

1 記入　　　　　2 記述　　　　　3 納入　　　　　4 記録

이다. 여기서 보기 4번의 「記録:기록」이라는 단어의 한자음을 알지 못하면 정답을 찾기가 쉽지 않다. 따라서 평소에 한자 실력을 많이 쌓아두는 것이 중요하다. 이런 유형의 문제는 정확하게 이러한 단어가 시험에 출제가 된다고 확신하기 어렵기 때문에 일본어 시험에서 전형적인 한자능력을 묻는·문제라고 할 수가 있다.

(2) カタカナ와 (3) 그 외의 품사는 5~7문제 정도가 출제가 된다. 그럼 여기서 학습자들은 공부할 방향을 잡을 수 있을 것이다. 현장강의에서 느낀 것이지만, 학습자들이 가장 외우기 힘들어하는 일본어 품사는 주로 동사였다. 이 동사는 외워도 쉽게 잊혀지고, 또 그 단어의 뉘앙스를 파악하는 것이 이만저만이 아니다. 따라서, N3학습자들이 본인의 실력을 쌓기 위해서 동사를 공부하는 것은 바람직하지만, 시험에 합격하기 위한 동사공부는 절대적으로 시간의 낭비에 불과하다. 그러므로, N3학습자들은, 한자능력을 키우는데 주력을 하며 공부를 하는 것이 여러모로 도움이 될 것이다.

問題 3 (　　　)に入れるのに最もよいものを、1・2・3・4から一つえらびなさい。

1 不思議な(　　　)が起きてびっくりした。

1　現在　　　　　2　現時　　　　　3　現場　　　　　4　現象

1 (　　　)に満ちて生活する彼がうらやましい。

1　活気　　　　　2　活動　　　　　3　生存　　　　　4　活性

3 (　　　)の気持ちをこめて手紙を送った。

1　感動　　　　　2　感謝　　　　　3　感想　　　　　4　感心

4 少しの(　　　)はあったが、任せることにした。

1　不幸　　　　　2　不利　　　　　3　不通　　　　　4　不安

5 (　　　)期間で日本語が上手になる方法はありませんか。

1　前　　　　　　2　短　　　　　　3　小　　　　　　4　半

6 高いステレオはやはり(　　　)もいいから音がすばらしい。

1　アンテナ　　　2　コード　　　　3　スピーカー　　4　スイッチ

7 今年は天気がおかしかったので、米の収穫は（　　　）去年の半分ぐらいだろう。

　1　もともと　　　　2　せいぜい　　　　3　いよいよ　　　　4　そろそろ

8 私は小学生の頃（　　　）科目は何ですかときかれるたびに体育と答えていた。

　1　有能な　　　　　2　上手な　　　　　3　安心な　　　　　4　得意な

9 そんなこと聞いたらプライドの高い彼のことだからすごく（　　　）だろう。

　1　さわる　　　　　2　おこる　　　　　3　まよう　　　　　4　もどる

10 この雑誌も、みなさまのおかげさまで1周年を（　　　）ことができました。

　1　あらそう　　　　2　むかえる　　　　3　みおくる　　　　4　あつかう

11 この部屋を倉庫に（　　　）した。

　1　改正　　　　　　2　改良　　　　　　3　改造　　　　　　4　改善

12 どんなことが起きるか誰も（　　　）できなかった。

　1　予測　　　　　　2　予報　　　　　　3　予期　　　　　　4　予防

13　(　　　)で、冬の野菜を育てている。

　1　温泉　　　　　2　温室　　　　　3　温暖　　　　　4　温帯

14　戦争のない(　　　)な国を作るためにみんな努力した。

　1　平和　　　　　2　平均　　　　　3　平気　　　　　4　平凡

15　今日の交通事故は8(　　　)でしたが、死者はありませんでした。

　1　個　　　　　　2　軒　　　　　　3　度　　　　　　4　件

16　映画女優に悪いうわさが立つと(　　　)イメージになる。

　1　ストップ　　　2　マイナス　　　3　ミス　　　　　4　オーバー

17　(　　　)家族旅行の計画を立てたのに、また父の仕事で行かれなくなってしまった。

　1　わざと　　　　2　かなり　　　　3　せっかく　　　4　なにも

18　食事中に音を立てるのは(　　　)。

　1　うらやましい　2　あわただしい　3　はげしい　　　4　みっともない

19 今、対策をたてないと、大事故に（　　　）。

1　つながる　　　　2　とどく　　　　3　きえる　　　　4　あずかる

20 どのコンピュータを買ったらよいか、なかなか一つには（　　　）。

1　こめられない　　2　さめられない　　3　とめられない　　4　きめられない

21 山田さんはいろんな（　　　）で活躍した。

1　分布　　　　2　分散　　　　3　分類　　　　4　分野

22 この地域はいつもたくさんの雨で（　　　）が起きる。

1　水産　　　　2　水筒　　　　3　洪水　　　　4　水泳

23 この絵から（　　　）されるものは何ですか。

1　連絡　　　　2　連続　　　　3　連合　　　　4　連想

24 （　　　）を持つのはいいが、それでも気をつけなさい。

1　自立　　　　2　自宅　　　　3　自信　　　　4　自治

25 1年働いてやっと（　　　）社員になりました。

  1　定　　　　　　　2　政　　　　　　　3　正　　　　　　　4　精

26 野球の試合で、観客が（　　　）から飛び下りてきた。

  1　グランド　　　　2　スタンド　　　3　コース　　　　4　センター

27 飲み物はワインにしますか、（　　　）ビールにしますか。

  1　ところで　　　　2　それとも　　　3　けれども　　　4　それでは

28 （　　　）にあなただけに教えてあげる。

  1　じゆう　　　　　2　しんせつ　　　3　とくべつ　　　4　ふくざつ

29 地球はいつも（　　　）いる。

  1　まげて　　　　　2　ほめて　　　　3　まわって　　　4　まねいて

30 青空に鳥が（　　　）いた。

  1　ふんで　　　　　2　とんで　　　　3　わたして　　　4　もどして

31 この地域の（　　　）を調べた。

1　方面　　　　　2　方角　　　　　3　方針　　　　　4　方言

32 頂上から見た（　　　）はすばらしかった。

1　景気　　　　　2　景色　　　　　3　遠足　　　　　4　奇跡

33 この会社には（　　　）な人材が多い。

1　用途　　　　　2　優秀　　　　　3　技術　　　　　4　将来

34 あなたの功績は（　　　）します。

1　認定　　　　　2　認識　　　　　3　測定　　　　　4　担当

35 彼はいつも（　　　）常識なことを言うからきらわれる。

1　不　　　　　　2　非　　　　　　3　否　　　　　　4　悪

36 どんなスポーツでも一流の人はみんな、つらい（　　　）を体験している。

1　レベル　　　　2　クリーニング　3　トレーニング　4　プラン

37 面接で（　　　）大切なことは何ですか。

1　おそらく　　　　2　ようやく　　　3　あらためて　　4　もっとも

38 あの喫茶店は店内が（　　　）からいやだ。

1　うすぐらい　　　2　くやしい　　　3　ほそい　　　　4　かわいらしい

39 ミスを指摘しても（　　　）。

1　はさまなかった　2　どならなかった　3　なれなかった　4　なおさなかった

40 君が手伝ってくれたおかげで、仕事が早く（　　　）。

1　うたがった　　　2　かたづいた　　　3　たすかった　　4　あまえた

41 クラブ（　　　）でテニスをしている。

1　生活　　　　　　2　動作　　　　　　3　労働　　　　　4　活動

42 すみません。お（　　　）お願いします。

1　会場　　　　　　2　会談　　　　　　3　会合　　　　　4　会計

43 部長の言い方には（　　　）がある。

1 記事　　　　　　2 不満　　　　　　3 不利　　　　　　4 有無

44 会社は服装を（　　　）した。

1 制度　　　　　　2 規律　　　　　　3 規制　　　　　　4 法律

45 開会（　　　）は午前１０時からです。

1 幕　　　　　　　2 地　　　　　　　3 式　　　　　　　4 券

46 あの会社は幹部と社員の（　　　）がうまくいっている。

1 オーケストラ　　2 コーラス　　　　3 スケジュール　　4 コミュニケーション

47 そんな食事をしていると（　　　）病気になってしまいますよ。

1 いまにも　　　　2 いつまでも　　　3 いまに　　　　　4 いつでも

48 こんなに（　　　）肉は食べられない。

1 かたい　　　　　2 こい　　　　　　3 おさない　　　　4 あらい

49 彼が先にあやまらないかぎり、決して彼を（　　）。

　　1　いかさない　　　2　おどらない　　　3　ゆるさない　　　4　たおさない

50 先日、病気がちのおばを（　　）行った。

　　1　みまいに　　　　2　ながれに　　　　3　ひかりに　　　　4　もとめに

51 教授の（　　）は難しすぎる。

　　1　義務　　　　　　2　義理　　　　　　3　礼儀　　　　　　4　講義

52 犯人は（　　）に逮捕された。

　　1　形態　　　　　　2　順序　　　　　　3　刑事　　　　　　4　死刑

53 小説には（　　）の人物が多い。

　　1　思想　　　　　　2　感想　　　　　　3　映像　　　　　　4　空想

54 （　　）が供給を上回れば商品の価格は上がる。

　　1　要領　　　　　　2　要素　　　　　　3　需要　　　　　　4　必要

55 社交（　　　）な彼は友だちが多い。

1 的　　　　　　　2 性　　　　　　　3 実　　　　　　　4 面

56 夏休みの（　　　）はもう作ったのか。

1 スマート　　　　2 プラン　　　　　3 リットル　　　　4 ステージ

57 今日の会議の（　　　）議題は何ですか。

1 すべての　　　　2 ほんの　　　　　3 おもな　　　　　4 たいした

58 後輩は任せられた仕事を（　　　）成功した。

1 平気に　　　　　2 強引に　　　　　3 立派に　　　　　4 素直に

59 結婚して何十年も（　　　）と、結婚記念日さえ忘れてしまう。

1 われる　　　　　2 むかう　　　　　3 たつ　　　　　　4 みちる

60 興奮した娘が（　　　）。

1 もとづいた　　　2 ふりむいた　　　3 すぐれた　　　　4 おちついた

61 （　　　）したのに仕事が終わらなかった。

　　1　徹夜　　　　　2　深夜　　　　　3　昨夜　　　　　4　夜空

62 一日中（　　　）練習をした。

　　1　伝達　　　　　2　運転　　　　　3　伝言　　　　　4　転倒

63 日本の昔の（　　　）についてはよく分からない。

　　1　歴史　　　　　2　禁煙　　　　　3　現代　　　　　4　症状

64 数学の（　　　）はとても難しかった。

　　1　試験　　　　　2　検査　　　　　3　点検　　　　　4　検事

65 彼が（　　　）優秀選手に選ばれた。

　　1　高　　　　　　2　最　　　　　　3　等　　　　　　4　偉

66 両国の貿易の（　　　）がくずれないように話し合いをした。

　　1　バランス　　　2　レベル　　　　3　リズム　　　　4　ステージ

67 （　　　）やってしまうと失敗してしまう。

1　やたらに　　　2　おもに　　　3　すでに　　　4　すなわち

68 この町は１０年前に比べるととても（　　　）になった。

1　にぎやか　　　2　ほがらか　　　3　さわやか　　　4　すこやか

69 寒いなあ。もう３月なのに、真冬に（　　　）かのようだ。

1　すくった　　　2　さわいだ　　　3　さめた　　　4　もどった

70 この前、山田さんに２万円貸したのに、まだ（　　　）もらってないよ。

1　かえして　　　2　こわして　　　3　おろして　　　4　おこして

71 善悪の（　　　）がつかない。

1　区別　　　2　地区　　　3　区間　　　4　区域

72 学校の前で（　　　）している。

1　通信　　　2　紹介　　　3　下宿　　　4　招待

73 (　　　)よくやってください。

1　番号　　　　　2　信号　　　　　3　順序　　　　　4　下旬

74 (　　　)と一緒に住んでいる。

1　家庭　　　　　2　大家　　　　　3　台所　　　　　4　包丁

75 山田さんの勤務(　　　)はどこですか。

1　会　　　　　　2　先　　　　　　3　所　　　　　　4　場

76 友だちの誕生日の(　　　)を買いました。

1　カレンダー　　2　アパート　　　3　デパート　　　4　プレゼント

77 (　　　)彼だけが悪いわけではない。

1　なにも　　　　2　とっくに　　　3　あまりに　　　4　おおよそ

78 この仕事に(　　　)な人が見つからない。

1　てきとう　　　2　だめ　　　　　3　ていねい　　　4　とくべつ

79 就職してからは、運動不足のせいか、少し（　　　）。

1　ふとった　　　　2　かこんだ　　　3　およいだ　　　4　えがいた

80 食事の前には、手ぐらいは（　　　）。

1　おくりなさい　　2　こえなさい　　3　きえなさい　　4　あらいなさい

81 （　　　）の時間に遅れた。

1　教授　　　　　　2　教室　　　　　3　授業　　　　　4　職業

82 （　　　）なことは言うな。

1　礼儀　　　　　　2　無礼　　　　　3　人工　　　　　4　無視

83 （　　　）のいい布ですね。

1　収入　　　　　　2　輸入　　　　　3　呼吸　　　　　4　吸収

84 人間はみんな（　　　）です。

1　平等　　　　　　2　評判　　　　　3　判断　　　　　4　好評

85 （　　　）条件で契約した。

　1　好　　　　　　　2　楽　　　　　　3　嬉　　　　　　4　喜

86 （　　　）がないとこの果物は食べることができません。

　1　スポーツ　　　　2　ラジオ　　　　3　パーティー　　4　ナイフ

87 上司と（　　　）仲がよくない。

　1　いくら　　　　　2　どきどき　　　3　あまり　　　　4　ゆっくり

88 お腹がすいて（　　　）なった。

　1　やかましく　　　2　めんどうくさく　3　うすぐらく　　4　たまらなく

89 今年こそ試験に合格してやると言いきったが、また（　　　）しまった。

　1　かりて　　　　　2　おちて　　　　3　こおって　　　4　たたんで

90 （　　　）ちょっとけがをしたぐらいで、泣くな。

　1　すすんで　　　　2　たのんで　　　3　ころんで　　　4　はかって

91 事故の（　　　　）に行った。

1 玄関 　　　　2 現場 　　　　3 場面 　　　　4 現実

92 （　　　　）はまだ決まっていない。

1 意識 　　　　2 標識 　　　　3 就職 　　　　4 認識

93 作業は（　　　　）してください。

1 契約 　　　　2 継続 　　　　3 公正 　　　　4 誠実

94 いつでも（　　　　）にしたがう準備をしています。

1 工場 　　　　2 用意 　　　　3 用事 　　　　4 命令

95 彼女とは運命（　　　　）な出会いだった。

1 摘 　　　　2 的 　　　　3 圏 　　　　4 権

96 （　　　　）のうえにケーキが半分ぐらいありました。

1 テーブル 　　　　2 フィルム 　　　　3 ポケット 　　　　4 メートル

97　(　　　)なことに、会社をやめたら、よく眠れるようになった。

　　1　じょうぶ　　　　2　ふしぎ　　　　3　まじめ　　　　4　ふべん

98　あなたのいない毎日が、(　　　)さびしかったことか。

　　1　何度も　　　　　2　とつぜん　　　3　ほとんど　　　4　どれほど

99　山田さんは２０年間休むことなく会社に(　　　)。

　　1　ひろった　　　　2　ぬすんだ　　　3　ゆれた　　　　4　かよった

100　今まで何度酒を(　　　)と思ったことか。

　　1　もえよう　　　　2　やめよう　　　3　まねこう　　　4　ほれよう

PART 4   유의어 · 대체어

단어가 원래 가지고 있는 의미와 비슷한 어휘를 찾는 문제와, 문장에서의 쓰임에 따른 비슷한 어휘를 찾는 문제가 있다. 전자의 경우,「非常に:매우」와「だいぶ:매우」라는 단어의 의미를 암기하고 있으면, 정답을 쉽게 찾을 수 있지만, 후자의 경우는 문장에서의 그 어휘가 정확하게 어떤 의미로 사용되었는지를 알아야만 정답을 찾을 수 있다. 따라서, 단순히 밑줄 선의 어휘의 의미를 알고 있다고 해서 문제를 풀 수 있는 것이 아니므로, 반드시 문장을 정확하게 해석하고 나서 문제를 풀어야만 실수를 줄일 수 있을 것이다. 이 파트에서 고득점을 올릴 수 있는 비법은, 많은 문제를 접하는 것 외에는 없다. 물론, 학습자 여러분의 어휘력이 뛰어나다면 두 말할 필요도 없다. 이 파트에서는 별도로 품사별로 문제를 나누지 않았다. 그 이유는 다양한 문제가 출제될 것으로 예상되고, 문장에서의 그 어휘의 바른 쓰임을 묻는 문제가 많이 출제될 것으로 예상되기 때문이다.

5문제
»

問題4　_____に意味が最も近いものを、1・2・3・4から一つえらびなさい。

24　私は新聞の世論調査と国民の世論がイコールだとは考えていない。

1　同じだ　　　　　　　2　似ている

3　関係がある　　　　　4　すばらしい

1	❶②③④

5문제가 출제된다. 유형은, 문제에 있는 밑줄의 어휘나 문장과 같은 표현을 찾는 문제가 출제되는데, 우선은 밑줄의 단어의 의미를 파악하는 것이 중요하다. 원래의 뜻도 중요하지만, 그 단어가 문장 속에서 어떠한 의미로 사용되었는지를 알아야 한다. 그 단어의 원래의 의미를 묻는 문제 는 한 두 문제 정도만 출제되고, 나머지는 문장 속에서 그 단어가 가지는 의미를 묻는 문제가 출제되는 것이다. 만일 실제 시험에서 모르는 단어가 출제되더라도, 당황하지 말고 문장 속에서의 의미를 찾거나, 그것마저 여의치 않으면 문제를 푸는 요령이나 감각으로 접근하도록 하자. 그러나, 부사는 문장 속에서의 의미를 파악하는 문제는 출제되지 않고, 유사어를 찾는 문제가 많이 나오므로, 본 교재에 나오는 부사는 반드시 암기하도록 하자.

問題 4　　　_____に意味が最も近いものを、1・2・3・4から一つえらびなさい。

1　私は新聞の世論調査と国民の世論が<u>イコール</u>だとは考えていない。

　　1　同じだ　　　　　2　似ている　　　3　関係がある　　　4　すばらしい

2　部長からとても<u>きつい</u>仕事を頼まれた。

　　1　らくな　　　　　2　やりたい　　　3　簡単な　　　　　4　たいへんな

3　今度の彼の絵は<u>たいへんに</u>すばらしい。

　　1　あまり　　　　　2　とても　　　　3　いわば　　　　　4　せっかく

4　進学するか就職するかで<u>まよった</u>。

　　1　まげた　　　　　2　なやんだ　　　3　ほれた　　　　　4　はさんだ

5　彼が言ったことなら<u>ただしい</u>情報でしょう。

　　1　信じられない　　2　つまらない　　3　正確な　　　　　4　ありえない

6　彼女は年よりも<u>だいぶ</u>若く見える。

　　1　とっくに　　　　2　もっとも　　　3　はっきり　　　　4　かなり

[7] 健康のことで苦労してから健康のありがたさを<u>まなんだ</u>。

　　1　おそわった　　　2　はかった　　　3　なれた　　　4　ならんだ

[8] 私はただ、<u>あたりまえ</u>の人間の道を、あたりまえに歩いてみたいものだ。

　　1　いろんな　　　2　普通の　　　3　特別な　　　4　有名な

[9] 勉強に対する興味が<u>ますます</u>強くなった。

　　1　さらに　　　2　ほとんど　　　3　すっかり　　　4　いわゆる

[10] 雨のためにサッカー試合は<u>ながれた</u>。

　　1　どなった　　　2　夜になった　　　3　まけた　　　4　中止となった

[11] シェフは企画をして、調理をするのはその下で働く<u>コック</u>です。

　　1　生徒　　　2　店長　　　3　係員　　　4　料理人

[12] あんなに努力したから彼の成功は<u>ふしぎではない</u>。

　　1　当然である　　　2　苦手である　　　3　変である　　　4　地味である

13 彼女はどんなことがあってもけっして学校に遅刻しない。

    1　かりに　　　　　2　すでに　　　　　3　ぜったいに　　　4　どうせ

14 この会社に入ってから3年たった。

    1　やめた　　　　　2　たまった　　　　3　すぎた　　　　　4　のこった

15 相手の意向が全然わからなかった。

    1　知人　　　　　　2　先方　　　　　　3　自分　　　　　　4　当社

16 いつもの通り散歩に出かけた。

    1　まるで　　　　　2　ふだん　　　　　3　さきほど　4　すべて

17 将来のためにもせいぜい勉強しなさい。

    1　ひろびろ　　　　2　ますます　　　　3　できるだけ　　　4　しみじみ

18 この機械を動かすのはなかなか難しい。

    1　作成する　　　　2　作業する　　　　3　動作する　　　　4　操作する

19 後輩は自分の家にいるかもしれない。

   1　自宅　　　　　　2　宅配　　　　　　3　大家　　　　　　4　自立

20 ラジオが故障して修理に出した。

   1　こわれる　　　　2　たおれる　　　　3　くずれる　　　　4　やぶれる

21 私がやることをじゃまするな！

   1　おいかける　　　2　さまたげる　　　3　ぶらさげる　　　4　ちかづける

22 先輩は私の意見を反対にした。

   1　ふくらました　　2　あまやかした　　3　ひきかえした　　4　うらがえした

23 もう一度お知らせします。

   1　ちっとも　　　　2　まったく　　　　3　ふたたび　　　　4　まっさきに

24 彼は体つきがほっそりしていて格好よかった。

   1　スマートだった　2　やせていた　　　3　ふとっていた　　4　金持ちだった

25 思いがけない事件が連続して起きた。

1 ぴかぴか　　　2 つぎつぎ　　　3 ますます　　　4 はきはき

26 彼の姿は印象強く見えた。

1 目がまわった　　2 目にたった　　3 目にしみた　　4 目がとおかった

27 彼はいちだんと英語が進歩した。

1 さっそく　　　2 なんとなく　　3 いっそう　　　4 おそらく

28 彼はこの分野で今まで知られていなかったものを見つけ出した。

1 発言した　　　2 発明した　　　3 発想した　　　4 発見した

29 会社の発展のため、組織をつくり直した。

1 改善した　　　2 改造した　　　3 改正した　　　4 改良した

30 自分が責任をもってその事を担当します。

1 ことづけます　　2 かたづけます　　3 とりあげます　　4 うけもちます

31 あれこれすることがあって、<u>忙しい</u>。

    1 あわただしい   2 やむをえない   3 ありがたい   4 さわがしい

32 返却日を<u>変更がないように</u>決めた。

    1 おもに   2 あまりに   3 確実に   4 さいわいに

33 山田さんは彼の言動に<u>反感</u>をもった。

    1 反省した   2 反映した   3 違反した   4 反発した

34 道路の表面が<u>突き出ていた</u>。

    1 まごまごしていた   2 でこぼこしていた

    3 ぶつぶつしていた   4 にこにこしていた

35 船が<u>出入りするところ</u>に住みたい。

    1 さか   2 おか   3 みなと   4 ひろば

36 家に帰ったら弟は<u>深く</u>眠っていた。

    1 ぐっすり   2 ゆっくり   3 すっきり   4 にっこり

37 光が<u>強すぎて</u>、サングラスをかけた。

    1　かゆくて　　　　2　こいしくて　　　3　まぶしくて　　　4　しつこくて

38 お母さんは赤ちゃんの顔を見ながら<u>にっこり笑っていた</u>。

    1　ほほえんでいた　　　　　　　　2　もうしこんでいた

    3　はれていた　　　　　　　　　　4　なれていた

39 <u>自然に</u>ドアが開かれてびっくりした。

    1　きちんと　　　　2　ひとりでに　　　3　めったに　　　4　しきりに

40 みんな危険を感じて<u>不安になっていた</u>。

    1　おれた　　　　2　おそれた　　　3　ゆれた　　　4　たおれた

41 子供は<u>衣服を脱いで</u>寝ていた。

    1　みかたで　　　　2　はだかで　　　3　ゆかたで　　　4　ゆたかで

42 <u>その日のうちに帰ることにして</u>彼女と郊外にでかけた。

    1　次の日に　　　　2　来週　　　3　一日中に　　　4　ひがえりで

43 この国には現代的なビルが多かった。

　　1　モダンな　　　　2　ハンサムな　　　3　すばらしい　　　4　高い

44 山田さんは先行する選手を抜いてその前に出た。

　　1　おいつづけて　　2　おいかけて　　　3　おいこして　　　4　おいつけて

45 試合にまけてしまった。

　　1　くずれて　　　　2　つかまえて　　　3　のぞんで　　　　4　やぶれて

46 彼がこの仕事にちょうどよい人です。

　　1　あたりまえな　　2　てごろな　　　　3　あきらかな　　　4　なまいきな

47 昨日見た映画は大したものではなかった。

　　1　くやしかった　　2　まずしかった　　3　つまらなかった　4　やわらかかった

48 その知らせを聞いた母はどうしたらよいか分からず、あっちへ行ったりこっちへ

行ったりした。

　　1　いらいらして　　2　のろのろして　　3　うろうろして　　4　そろそろして

49 <u>早く</u>宿題をやりなさい。

　　1　かならずしも　　2　にわかに　　　3　ただちに　　　4　ひじょうに

50 <u>思ってもみない</u>ことが起きて困っている。

　　1　すてきな　　　　2　意外な　　　　3　すっぱい　　　4　さわがしい

JLPT 파트별 소개

PART 5 단어의 바름 쓰임

이 파트가 N3 문자 · 어휘에서 가장 어려울 것이다. 단어의 정확한 의미와 뉘앙스, 문장에서의 바른 쓰임까지 같이 알아야 하기 때문이다. 이 파트는 높은 수준의 어휘의 뜻이나 뉘앙스를 묻는 문제가 출제되지는 않겠지만, 그 단어가 가지고 있는 일본어로서의 정확한 의미와 뉘앙스를 모르면 정답을 찾기가 쉽지 않다. 어떤 특정한 품사에서 출제되지는 않고, 모든 품사, 심지어는 문법적인 문제까지도 출제될 가능성이 크다. 파트 1에서 4까지를 충분히 학습을 하였다면 파트 5눈 큰 어려움없이 정답을 찾을 수 있을 것이다.

5문제

問題 5 ＿＿＿＿つぎのことばの使い方として最もよいものを、1・2・3・4から一つえらびなさい。

29　ドライブ

1　映画館での<u>ドライブ</u>はつまらない。

2　<u>ドライブ</u>に行くため、山歩きにいいくつと帽子を買った。

3　雨の降る日は海が見えるところへ<u>ドライブ</u>したい。

4　山で使う<u>ドライブ</u>テーブルはあまり大きくないほうがいい。

| 1 | ① ② ❸ ④ |

문제에 나와 있는 어휘의 정확한 의미부터 파악해야 한다. 이 파트는 어휘력뿐만 아니라, 그 단어의 문장 속에서의 바른 쓰임까지 파악해야 하기 때문에 상당히 까다롭다. 지금까지의 기출문제를 보면, 높은 수준의 어휘력을 묻는 문제는 출제되지 않았기 때문에 학습자들이 이 파트를 대비하는 방법은, 별도의 특별한 방법을 찾기보다는 꾸준히 어휘를 공부하는 수밖에 없다. 어휘력은 독해와 청취의 점수를 높이는 방법이기도 하기 때문에 소홀히 할 수 없을 것이다. 참고로, 이 파트에서는 단어의 뉘앙스나 다른 단어와의 비교를 묻는 문제는 출제되지 않고, 그 단어가 가지고 있는 첫 번째 의미, 즉, 가장 많이 알려져 있고, 가장 많이 사용되는 의미를 묻는 것이 대부분이라는 것을 명심하자.

問題5 つぎのことばの使い方として最もよいものを、1・2・3・4から一つえらびなさい。

1 ゆき

1 ゆきがたくさん降って動けなかった。

2 先生がいるゆきを教えてください。

3 ゆきになるとたくさんの花が咲く。

4 ゆきをかけても出られなかった。

2 おれい

1 先生に先日のことでおれいをした。

2 それはおれいの寒い所に出して置きなさい。

3 年のおれいか父の髪に白いものが見えた。

4 山田さんにはいつもいろいろおれいになっております。

3 とどける

1 雨が降らないのにかさをとどけている人がいた。

2 たくさんの宿題でとどけています。

3 住所が変わったので会社にとどけた。

4 雨が降りそうに空がとどけてきた。

4　したがって

1　新しい車が買いたい。したがってお金が全然ない。

2　彼はとてもハンサムだ。したがって女性に人気がある。

3　お金があっても人間はしたがって死ぬときは死ぬ。

4　今日はこれで失礼します。したがって会いましょう。

5　こいしい

1　これは結婚式にこいしい音楽である。

2　子供たちが遊ぶ姿を見て昔のことがこいしくなった。

3　別れた彼女が急にこいしくなった。

4　焼いたばかりのパンはこいしい。

6　秒

1　くつしたは一秒しか持っていません。

2　昨日は家でビデオを三秒も見た。

3　はがきを五秒買った。

4　電車は十秒遅れて出発した。

7　プログラム

1　音楽のプログラムに合わせておどった。

2　みんなと一緒に新人教育のプログラムを作った。

3　彼女のようなプログラムがとても気に入る。

4　大きなプログラムでギターを演奏するのが夢である。

8 それでも

1 コーヒーにしますか、それでも紅茶にしますか。

2 先週から熱がすごかったです。それでも欠席しました。

3 あなたも行かないの?それでも私も行かない。

4 彼女はきれいで親切だが、それでも私は彼女が好きになれない。

9 おそろしい

1 思いもしなかったおそろしい事件が起きた。

2 このケーキは作ったばかりなのでとてもおそろしい。

3 おそろしい彼もたまには怒るときもあります。

4 道路工事のため、朝も夜もとてもおそろしい。

10 ポスター

1 ポスターに紙がかかって出てこない。

2 ポスターに彼女の誕生日をチェックした。

3 彼女の描いた絵がポスターで流れていた。

4 とても大きなポスターがかべにはってあった。

11 毛皮

1 りんごは毛皮をむいて食べなさい。

2 にわに毛皮を植えた。

3 寒いので毛皮のコートを着てでかけた。

4 ズボンが大きくて毛皮をかたくしめた。

12 ものすごい

1 店がつぶれてものすごい借金をしている。

2 この植物は寒さにものすごい。

3 夏になると、日がものすごくなる。

4 外国で夜一人で歩くのはとてもものすごい。

13 なまける

1 毎日残業で非常になまけた。

2 あまり大事なことではないからなまけなくてもいいだろう。

3 勉強をなまけて母にしかられた。

4 一日中ずっと歩いたのでなまけた。

14 トップ

1 会社のトップが決めたことだからしたがいなさい。

2 休みのトップはまだ立てていない。

3 コーヒートップを贈ったらよろこぶでしょう。

4 私はどちらかというと地味なトップです。

15 なんでも

1 なんでもやってあげるから言ってみて。

2 君の夢を聞いたら、なんでもわくわくしてきたよ。

3 みんなやってるのになんでもあなたはやらないの？

4 すみませんが、それについてはなんでも言えません。

16 きびしい

1 山の上から見た景色はきびしかった。

2 きびしい訓練をうけて疲れた。

3 みんなきびしいと言ったけど、私にはつまらなかった。

4 家に車まで持っているなんて、ほんとうにきびしい。

17 はち

1 テレビを見ているはちに父が帰ってきた。

2 合格したのは先生のはちだ。

3 できるはち、行くようにします。

4 ベランダにはちが置いてあった。

18 いくつ

1 この物はいくつ払えばいいですか。

2 いくつ食べてもお腹がいっぱいにならない。

3 開催時間に関して、いくつかお願いがあります。

4 山田さんの誕生日はいくつですか。

19 プレゼント

1 みなさんにすてきな商品をプレゼント致します。

2 この本を日本語でプレゼントしてください。

3 プレゼントにはたくさんの実があった。

4 プレゼントを開けたら風が入ってきた。

20 絶対

1 絶対宿題が終わってほっとした。

2 絶対おいしいものははじめてです。

3 絶対着きましたのでお電話しました。

4 体に悪いから絶対タバコは吸わない。

21 核

1 最近、核家族が増えつつある。

2 かぜをひいたのか、核をしている。

3 書くことがたくさんあるので、核を持っていったほうがいいです。

4 食べすぎて核が痛くなった。

22 寄る

1 後ろ姿がとても寄っていたので、人違いをしてしまった。

2 近くまで来たものだから、ちょっと寄りました。

3 ゴミがこれほど寄っていたら、一人で全部かたづけられない。

4 大学は出たが、就職難で仕事が寄らない。

23 たった

1 たった三日の旅行でも、準備は必要だ。

2 たった一時間で公演が始まります。

3 もう時間なのにたった来ませんね。

4 もうこんな時間なのにたった帰りましょうか。

24 プロ

1 プロの選手といっても、一般の人に負けることもあります。

2 このテレビのプロはとてもおもしろくて人気があるそうだ。

3 明日、アメリカの絵のプロを見に行きませんか。

4 今まで全然勉強しなかったのでプロしている。

25 素直

1 会社は君を素直に回っているんじゃないんだよ。

2 親の離婚が素直となって、その子は非行に走ることになった。

3 お前が知らないわけがない。素直に話せ！

4 ひらがなやカタカナは漢字を素直にして作られた。

26 みじめ

1 みじめな時は遊びにきてください。

2 会社で首になってみじめな暮らしをしている。

3 今度も失敗したんですか。みじめですね。

4 子供が高校の数学の問題を知らないのはみじめだ。

27 うら

1 彼はいつも信じがたいうらをしている。

2 ちょっとスーパーまでと言って出て行ったうら、彼女は帰って来なかった。

3 足うらが大きいことから、たぶん犯人は男らしい。

4 本のうらのほうに値段が書いてある。

28 リスク

1 リスクがたくさんかかって、利益にならない。

2 この種の商売はもうけも大きいかわりに、リスクも大きい。

3 リスクの上にコンピュータがあった。

4 あの映画のリスクのシンで泣いてしまった。

29 きらく

1 彼が犯人だということがきらくになった。

2 きらくなことが起きてみんなびっくりした。

3 お客さんにはきらくに話してください。

4 仕事もなくきらくな時間がもっとほしい。

30 あまり

1 おいしい店なのであまりの人が並んでいた。

2 あまりこの数学の問題は難しいですね。

3 山田さんは政治家にしては、あまり活躍のない人だった。

4 あんなに行きたがっていたからあまり来ると思います。

31 はげしい

1 いきなりはげしい雨が降ってきた。

2 はげしい暑さの中でどうお過ごしですか。

3 山田先生は他の先生よりはげしい。

4 工事のため、家の周りがはげしい。

32 かむ

1 もう少し字を大きく<u>かん</u>でください。

2 彼に<u>かまれて</u>仕事をしています。

3 そこにあるしおを<u>かん</u>でください。

4 いぬに<u>かまれた</u>ところが今も痛い。

33 実際

1 この映画は<u>実際</u>に起こった事件をもとにして製作された。

2 <u>実際</u>におもしろい映画ですね。

3 この仕事をした人が<u>実際</u>に山田さんですか。

4 会社を辞めてから<u>実際</u>は何もしていません。

34 苦心

1 みなさん、ご<u>苦心</u>さまでした。

2 作文を書くのに<u>苦心</u>した。

3 <u>苦心</u>をこめて手紙を書いた。

4 <u>苦心</u>にありがとうございます。

35 カード

1 ちょっと暗いので<u>カード</u>をつけてください。

2 封筒に<u>カード</u>をはって父に手紙を出した。

3 <u>カード</u>の中にはたくさんの服があった。

4 現金が一万円しかないので、<u>カード</u>を使うしかない。

36 たいくつ

1 これはたいくつに考えたほうがいい。

2 何もすることがなくてたいくつな一日を送った。

3 夜おそく、ギターをひくのは人にたいくつをかけることだ。

4 みんなの前で好きだと言われてたいくつだった。

37 おしい

1 つまらない映画を見るのは時間がおしいものだ。

2 一週間も掃除しなかったので部屋の中はおしかった。

3 目がとても大きいおしい赤ちゃんですね。

4 恋人が留学に行ってしまってとてもおしい。

38 まじめに

1 冗談ぬきでまじめに考えてください。

2 みなさんのご利用、まじめにありがとうございます。

3 先生の授業はまじめに難しかった。

4 休日はまじめに映画を見たり友だちに会ったりします。

39 チーム

1 みんな流れている音楽のチームに合わせて歌った。

2 がっかりしないでチームを合わせてがんばりましょう。

3 悔しいことに、1点差で相手チームに負けてしまった。

4 疲れたのでチームに座って少し休んだ。

40 直角

1 直角になるように線をひいてください。

2 あの直角を右にまがると銀行がある。

3 この道を直角に行ってください。

4 そのことを先生に直角に言った。

41 うっかり

1 去年よりうっかり生産量が上がった。

2 この子は小学生としてはうっかりしている。

3 もう４月でうっかり春になった。

4 宿題をうっかりして家に置いて来てしまった。

42 たおれる

1 ラジオがたおれていたので修理に出した。

2 木がたおれているのでこれ以上進めない。

3 木の枝が風にたおれている。

4 寒さで指がたおれてしまった。

43 おかしい

1 ペットが死んでしまったのでとてもおかしかった。

2 この写真を見るといつも昔のことがおかしくなる。

3 この町は１０年前よりおかしく発展した。

4 彼はいつもおかしい話をするのでいやです。

44 がんじょう

1 冷蔵庫の中にはがんじょうな野菜がたくさんあった。

2 この仕事にがんじょうな人がだれもいなかった。

3 一日中コピーばかりするのはがんじょうなことだ。

4 祖父は年は取っているがなかなかがんじょうだ。

45 コンテスト

1 選手たちはコンテストで練習していた。

2 この会場で、毎月外国人スピーチコンテストが開かれることになっている。

3 このかばんのコンテストが気に入らない。

4 コンピュータのコンテストがいきなり消えてしまった。

46 とっくに

1 日本語は、とっくに漢字が難しい。

2 あなただけにとっくに教えます。

3 私の考えなど、先生はとっくに知っていた。

4 こうしてもとっくに問題はないと思います。

47 はら

1 このはらを渡るには船が必要だ。

2 はらの頂上から見た景色はすばらしかった。

3 彼のうそにはらが立った。

4 その話を聞いた先生ははらが悪くなった。

48 ドア

1 不注意でコップのドアを割ってしまった。

2 たくさん走ったのでドアで汗をふいた。

3 車のドアに空気を入れた。

4 非常の時には、このドアから避難してください。

49 収集

1 店は販売員を収集していた。

2 私の収集は映画を見ることです。

3 明日はゴミの収集日です。

4 当社にはメールで収集してください。

50 ゆれる

1 テーブルからコップが落ちてゆれてしまった。

2 船がひどくよこにゆれた。

3 ちょっと重いので駅までゆれてください。

4 降りるところをゆれてしまった。

N3
정답

>>> 정답

🔲 Part 1 (한자 읽기)

1 ②	2 ④	3 ②	4 ③	5 ④	6 ③	7 ②	8 ②	9 ①	10 ④
11 ①	12 ②	13 ④	14 ③	15 ④	16 ③	17 ①	18 ③	19 ④	20 ③
21 ④	22 ④	23 ②	24 ③	25 ④	26 ③	27 ②	28 ②	29 ②	30 ①
31 ③	32 ④	33 ③	34 ④	35 ①	36 ②	37 ①	38 ②	39 ④	40 ①
41 ①	42 ③	43 ②	44 ②	45 ④	46 ①	47 ②	48 ①	49 ③	50 ③
51 ②	52 ①	53 ③	54 ②	55 ③	56 ④	57 ①	58 ③	59 ④	60 ④
61 ③	62 ③	63 ②	64 ③	65 ①	66 ③	67 ③	68 ②	69 ①	70 ③
71 ②	72 ①	73 ③	74 ①	75 ①	76 ④	77 ①	78 ②	79 ③	80 ④
81 ②	82 ④	83 ②	84 ③	85 ①	86 ③	87 ①	88 ③	89 ④	90 ③
91 ④	92 ③	93 ①	94 ③	95 ②	96 ③	97 ④	98 ②	99 ①	100 ②

🔲 Part 2 (한자 찾기·한자 표기)

1 ①	2 ①	3 ④	4 ①	5 ③	6 ②	7 ④	8 ②	9 ②	10 ①
11 ②	12 ④	13 ①	14 ②	15 ③	16 ③	17 ④	18 ①	19 ④	20 ③
21 ④	22 ③	23 ③	24 ④	25 ④	26 ②	27 ④	28 ③	29 ④	30 ④
31 ③	32 ②	33 ④	34 ①	35 ③	36 ③	37 ②	38 ④	39 ④	40 ②
41 ③	42 ②	43 ③	44 ②	45 ②	46 ④	47 ②	48 ③	49 ④	50 ②
51 ①	52 ②	53 ③	54 ③	55 ③	56 ④	57 ④	58 ②	59 ②	60 ②
61 ②	62 ④	63 ③	64 ③	65 ①	66 ②	67 ②	68 ②	69 ②	70 ③
71 ①	72 ③	73 ③	74 ③	75 ②	76 ③	77 ①	78 ①	79 ①	80 ④
81 ②	82 ④	83 ④	84 ②	85 ①	86 ④	87 ②	88 ④	89 ①	90 ③
91 ④	92 ④	93 ③	94 ④	95 ②	96 ①	97 ①	98 ②	99 ③	100 ④

📖 Part 3 (공란 메우기·문맥규정)

1 ④	2 ①	3 ②	4 ④	5 ②	6 ③	7 ②	8 ④	9 ②	10 ②
11 ③	12 ①	13 ②	14 ①	15 ④	16 ②	17 ③	18 ④	19 ①	20 ④
21 ④	22 ③	23 ④	24 ③	25 ③	26 ②	27 ②	28 ③	29 ③	30 ②
31 ④	32 ②	33 ②	34 ①	35 ②	36 ③	37 ④	38 ①	39 ④	40 ②
41 ④	42 ④	43 ②	44 ③	45 ③	46 ④	47 ①	48 ①	49 ③	50 ①
51 ④	52 ③	53 ④	54 ③	55 ①	56 ②	57 ③	58 ③	59 ③	60 ④
61 ①	62 ②	63 ①	64 ①	65 ②	66 ①	67 ①	68 ①	69 ④	70 ①
71 ①	72 ③	73 ③	74 ②	75 ②	76 ④	77 ①	78 ①	79 ①	80 ④
81 ③	82 ②	83 ④	84 ①	85 ①	86 ④	87 ③	88 ④	89 ②	90 ③
91 ②	92 ③	93 ②	94 ④	95 ②	96 ①	97 ②	98 ④	99 ④	100 ②

📖 Part 4 (유의어·대체어)

1 ①	2 ④	3 ②	4 ②	5 ③	6 ④	7 ①	8 ②	9 ①	10 ④
11 ④	12 ①	13 ③	14 ③	15 ②	16 ②	17 ③	18 ④	19 ①	20 ①
21 ②	22 ④	23 ③	24 ①	25 ②	26 ②	27 ③	28 ④	29 ②	30 ④
31 ①	32 ③	33 ④	34 ②	35 ③	36 ①	37 ③	38 ①	39 ②	40 ②
41 ②	42 ④	43 ①	44 ③	45 ④	46 ②	47 ③	48 ①	49 ③	50 ②

📖 Part 5 (단어의 바른 쓰임)

1 ①	2 ①	3 ③	4 ②	5 ③	6 ④	7 ②	8 ④	9 ①	10 ④
11 ③	12 ①	13 ③	14 ①	15 ①	16 ②	17 ④	18 ③	19 ①	20 ④
21 ①	22 ②	23 ①	24 ①	25 ③	26 ②	27 ④	28 ②	29 ④	30 ③

31 ① 　32 ④ 　33 ① 　34 ② 　35 ④ 　36 ② 　37 ① 　38 ① 　39 ③ 　40 ①

41 ④ 　42 ② 　43 ④ 　44 ④ 　45 ② 　46 ③ 　47 ③ 　48 ④ 　49 ③ 　50 ②

N3
해설

>>> 해설

📑 Part 1 (한자읽기)

(1) 2　働く 일하다

아버지는 과로해서 몸을 망쳤다.

父 아버지　동사ます형+すぎる 지나치게~하다　壊す 망치다

key point

「動く:움직이다」라는 한자와 비슷하다.「働」은 부수에「イ:사람인」이 있으므로,「사람이 일을 한다」라고 암기하면 쉽게 구분할 수 있을 것이다.

(2) 4　投げ入れる 던져 넣다

그녀는 화가나 편지를 쓰레기통에 던져 넣었다.

怒る 화를 내다　手紙 편지　くずかご 쓰레기통

key point

「投」가 들어가는 N3명사로서는「投稿:투고」가 있다. 부수에「手:손 수」가 있는 것에 주의하자.

(3) 2　場面 장면

어젯밤 텔레비전에서 지진의 장면을 보았니?

昨夜(さくや・ゆうべ) 어젯밤　地震 지진

key point

「場」은 읽기가「ば」「じょう」두 가지가 있는데,「ば」로 읽는 경우는 N3에서는 아래의 단어만 알고 있으면 된다.

じょう → 工場 공장
ば → 広場 광장　現場 현장　場所 장소　場合 경우

(4) 3　舞台 무대

세계를 무대로 경영하고 있다.

世界 세계　経営 경영

key point

「台」는 음독이「たい」「だい」두 가지가 있는데, N3에서는「舞台」와「台風:태풍」만「たい」로 읽고, 나머지는 전부「だい」로 읽어야 한다.

(5) 4　固い 딱딱하다, 뻑뻑하다

서랍이 뻑뻑해서 열리지 않는다.

引き出し 서랍　開く 열리다

key point

「かたい」는 한자를 다르게 사용하여,「堅い:견실하다」는 의미도 있다. 문장의 해석에 따라서 한자가 달라지므로 유의하도록 하자.

(6) 3　認める 인정하다

선생님은 시험에 연필의 사용을 인정했다.

先生 선생님　試験 시험　鉛筆 연필　使用 사용

key point

「認」이 들어가는 N3명사「確認:확인」과「認定:인정」도 알아두도록 하자.

(7) 2　吐く 토하다

차멀미를 해서 토할 것 같았다.

車に酔う 차멀미를 하다　동사ます형+そうだ ~할 것 같다

key point

동음이의어로서「履く:하의를 입다」「掃く:쓸다」도 있다.

(8) 2　道順 길 순서

역까지의 길 순서를 가르쳐 주세요.

駅 역　教える 가르치다

key point

「順」으로 읽는 한자는 전부「しゅん」「じゅん」으로 읽는데,「瞬→瞬間:순간」만「しゅん」으로 읽고 나머지는 전부「じゅん」으로 읽는다.

(9) 1　会議 회의

도쿄에서 국제회의가 열렸다.

東京 도쿄　国際 국제　開く 열다

key point

「議」에「言:말씀 언」이 있는 것에 주의하도록 하고,「義務:의무」「義理:의리」에는「言:말씀 언」이 없다.

(10) 4　静かだ 조용하다

관중은 물을 끼얹은 것처럼 조용해졌다.

観衆 관중　水を打つ 물을 끼얹다

key point

보기 1번은 N2어휘이므로 암기할 필요는 없지만, 보기 3번의「明らかだ:밝혀지다, 명확해지다」는 파트 3(공란 메우기)에서도 자주 출제되므로 반드시 암기하도록 하자.

(11) 1　冷やす 식히다

환자의 머리를 얼음으로 식혔다.

病人 환자　頭 머리

key point

자동사는「冷える:차가워지다, 추워지다」이고,「冷蔵庫:냉장고」「冷房:냉방」도 알아두도록 하자.

(12) 2　怒る 화내다

입을 잘못 놀려 그녀를 화나게 해버렸다.

口をすべらす 말을 잘못하다

key point

동음이의어로서 「起こる:일어나다」가 있다, 파트 4(유의어)에서 「~に怒られる:~에게 혼나다」는 「~に叱られる:~에게 꾸중 듣다」가 출제될 가능성이 있다.

(13) 4　直角 직각

두 개의 선은 직각을 이루고 있다.

線 선　成す 이루다

key point

「直」은 원래 「ちょく」로 읽는데, 일본어는 「く」 다음에 「か・き・く・け・こ」가 오면 「く」가 촉음 「っ」로 바뀌는 성질이 있다. 다른 예를 들면 「学」은 원래 음독이 「がく」이지만, 학교는 「学校」라고 한다.

(14) 3　釣り 낚시

이번 주말에 낚시 가자.

今度 이번　週末 주말　出掛ける 외출하다

key point

동사로서 「釣る:낚다」도 같이 암기하도록 하고, N3에서는 한자를 사용하지 않는 「かり:사냥」도 같이 암기하도록 하자.

(15) 4　低い 낮다

그녀는 도서관에서 낮은 소리로 이야기했다.

図書館 도서관　声 목소리　話す 이야기하다

key point

부수에 「イ:사람 인」이 있는 것에 주의하도록 하고, 비슷한 한자로서 「底:바닥」 「抵抗:저항」이 있다.

(16) 3　締める 매다

그녀는 파란 키모노에 하얀 오비를 매고 있다.

青い 파랗다　着物 일본의 전통 옷　白い 하얗다　~っぽい 어떠한 경향이 짙다　帯 띠

key point

동음이의어로서 「閉める:닫다」 「占める:차지하다」가 있다.

(17) 1　辞める 그만두다

그녀는 결혼하기 때문에 회사를 그만두었다.

結婚 결혼　会社 회사

key point

행동이나 동작을 그만둘 경우에는 「止める」를 사용해야 하므로 주의하도록 하자.

(18) 3　定休日 정기휴일

이 가게는 목요일이 정기 휴일이다.

店 가게　木曜日 목요일

key point

「○○日」는 무조건 「○○び」로 읽는다. 예를 들면, 「記念日:기념일」 「誕生日:생일」 등이다.

(19) 4　臭い 안 좋은 냄새

안 좋은 냄새가 나서 방을 청소했다.

部屋 방　掃除 청소

key point

형용사로서는 「臭い:안 좋은 냄새가 나다」이지만, 위의 단어는 명사로 사용되었으므로 「におい」로 읽는 것이다. 좋은 냄새(향기)는 「香り」이다.

(20) 3　温かい 따뜻하다

남은 수프를 따뜻하게 해서 먹었다.

残り 남음　食べる 먹다　柔らかい 부드럽다　細かい 잘다, 세세하다　短い 짧다

key point

날씨나 마음이 따뜻하다는 「暖かい」를 사용해야 한다.

(21) 4　争う 경쟁하다

일본은 자동차산업에서 다른 나라와 경쟁하고 있다.

自動車 자동차　他国 다른 나라　整う 갖춰지다, 정리되다　まとまる 정리되다, 합쳐지다　戦う 싸우다

key point

명사로서 「戦争:전쟁」 「競争:경쟁」도 함께 암기하자.

(22) 4　悩む 고민하다

그는 사업의 실패를 심하게 고민하고 있다.

事業 사업　失敗 실패　悔やむ 분해하다　包む 포장하다　望む 원하다, 바라다

key point

부수에 「心:마음 심」이 있는 것에 주의하고, 비슷한 한자로서 「脳:뇌」가 있다. 반드시 구분해 두도록 하자.

(23) 2　提出 제출

회의에 제출할 서류를 만들고 있다.

会議 회의　書類 서류　作る 만들다

key point

「提供:제공」 「外出:외출」고 함께 암기하자.

(24) 3　植える 심다

공원에는 많은 벚꽃 나무가 심겨져 있다.

公園 공원　木 나무　越える 넘다　燃える 불타다　耐える

참다

key point

명사로서 「植物:식물」도 암기해야 하며, 동음이의어로서 한자 없이, 「うえる:굶다」도 알아두자.

(25) 4 大事だ 중요하다

교섭은 중요한 국면을 맞이했다.

交渉 교섭　局面 국면　迎える 맞이하다

key point

같은 표현으로 「大切だ:중요하다, 소중하다」가 있는데, 「大事」는 「だい」이지만, 「大切」는 「たい」라는 것에 주의하자.

(26) 3 震える 떨다

그의 목소리는 분노한 나머지 떨고 있었다.

声 목소리　怒り 분노

key point

「震」이 들어가는 N3명사로서 「地震:지진」이 있다.

(27) 2 指す 가리키다, 지적하다

시계바늘은 벌써 10시를 가리키고 있었다.

時計 시계　針 바늘

key point

동음이의어로서 「差す:(빛이) 비치다」가 있는데, 예를 들면, 「西日が差す:석양이 비치다」이다.

(28) 2 湯気 김

주전자가 스토브 위에서 김을 내고 있다.

やかん 주전자　立てる 세우다, 피어오르다

key point

N3에서 「気」를 「げ」로 읽는 것은 「湯気」뿐이며, 나머지는 전부 「き」로 읽는다.

(29) 2 流域 유역

저 강 유역에 옛날에 마을이 있었다고 한다.

川 강　昔 옛날　村 마을

key point

「地域:지역」「区域:구역」도 같이 알아두자.

(30) 1 柔らかい 부드럽다

헤엄치기 전에 체조를 하여 몸을 부드럽게 하세요.

泳ぐ 헤엄치다　前 전　体操 체조　体 몸

key point

보기 2번의 「朗らかだ:명랑하다」도 시험에 자주 출제되는 어휘이다.

(31) 3 進む 나아가다, 진행되다

배는 얼음을 부수고 나아갔다.

船 배　氷 얼음　くだく 부수다, 깨뜨리다　運ぶ 운반하다
選ぶ 선택하다, 고르다　望む 바라다, 원하다

key point

명사로서 「進行:진행」「進展:진전」「推進:추진」도 함께 암기하자.

(32) 4 配る 나누어주다

소년은 신문을 나누어주며 걸었다.

少年 소년　新聞 신문　歩く 걷다

key point

명사로서 「配達:배달」「分配:분배」도 함께 암기하자.

(33) 3 比較 비교

양 사의 업적을 비교하니 놀랄만한 것이 있었다.

両社 양 사　業績 업적　驚く 놀라다

key point

「較」는 N3에서 「比較」 외에는 쓰임이 없다. 「対比:대비」「比例:비례」도 암기해 두자.

(34) 4 包丁 부엌칼

어머니는 부엌칼로 고기를 썰고 있었다.

母 어머니　肉 고기　切る 쓸다, 자르다

key point

일반적인 칼은 「刀:칼」이라고 한다.

(35) 1 辛い 맵다

이 카레라이스는 너무 매워서 먹을 수 없다.

형용사어간+すぎる 지나치게~하다

key point

「辛い」가 「괴롭다」는 의미로 사용되면 「辛い」로 읽고, 「苦しい」와 같은 의미가 된다.

(36) 2 調べる 조사하다

고장은 없는지 기계를 살폈다.

故障 고장　機械 기계　述べる 말하다, 서술하다　比べる 비교하다　並べる 나열하다, 진열하다

key point

명사로서 「調査:조사」「調整:조정」도 암기해야 하며, 「比べる:비교하다」와 헷갈릴 수가 있으므로 주의하자.

(37) 1 尋ねる 질문하다

상세한 것은 비서에게 물어주세요.

詳しい 상세하다, 자세하다　秘書 비서

동음이의어로서「訪ねる:방문하다」가 있는데,「訪れる」와 같은 의미이다.

(38) 2 冒険 모험

야마다 씨는 밀림의 모험을 즐기고 있다.

密林 밀림　楽しむ 즐기다

key point

「保険:보험」과 음독이 헷갈릴 수가 있으며,「検査:검사」의 「検」,「試験:시험」의「験」과 반드시 한자를 구분해야 한다.

(39) 4 酒場 술집

술집의 종업원은 고등학교 동급생이었다.

従業員 종업원　高校 고등학교　同級生 동급생

key point

「酒」를「さけ」로 읽지 않는데 주의해야 하며,「場」에 대해서는 (3)번 풀이를 참고로 하자.

(40) 1 日が浅い 날이 얼마 되지 않다

결혼하고 아직 날이 얼마 되지 않았다.

結婚 결혼　深い 깊다　狭い 좁다　鈍い 둔하다

key point

반대말로는「深い:깊다」가 있고,「残る:남다」의「残」과 헷갈리지 않도록 하자.

(41) 1 寄せる 밀려들다, 모으다

낙엽을 모아서 불을 붙였다.

落ち葉 낙엽　火を付ける 불을 붙이다

key point

경우에 따라서는「集める:모으다」와 같은 표현이 되며,「寄る:들르다」도 같이 암기해 두자.

(42) 3 攻める 공격하다

지금 공격하고 있는 측이 미국입니다.

今 지금　側 측

key point

「攻撃:공격」도 암기해야 하고, 동음이의어「責める:책망하다」도 함께 암기하자.

(43) 2 周囲 주위

그 공원의 주위는 높은 건물로 둘러싸여 있다.

公園 공원　高い 높다　かこむ 둘러싸다

key point

「周辺:주변」「周り:주변」도 암기해야 하며,「週間:주일」의

「週」와 한자를 구분하도록 하자.

(44) 2 住居 주거

신축 아파트는 입주자를 모집하고 있었다.

新築 신축　募集 모집

key point

「住民:주민」「住所:주소」「入居:입주」도 암기하도록 하자.

(45) 4 正しい 바르다

그의 행동은 법률적으로 바릅니다.

行動 행동　法律的 법률적　恐ろしい 무섭다　厳しい 엄격하다　親しい 친하다

key point

명사로서「正月:정월」「正直:정직」「正午:정오」「正面:정면」도 암기해 두자.

(46) 1 高層 고층

고층 아파트 군이 해안에 우뚝 솟아 있다.

群 군, 무리　海岸 해안　そびえ立つ 우뚝 솟다

key point

「高価:고가」「高級:고급」「高等:고등」「階層:계층」도 암기해 두자.

(47) 2 教授 교수

선생님으로부터 피아노의 개인교수를 받고 있습니다.

先生 선생님　個人 개인　受ける 받다

key point

「수」로 읽는 한자 중에서 음독이「じゅ」인 것은,「受話器:수화기」「寿命:수명」「需要:수요」「樹木:수목」뿐이다. 그리고「じゅう」로 읽는「수」는 한 글자가 있는데, N3한자가 아니다.

(48) 1 助ける 구하다, 살리다, 돕다

노인을 도와 버스에 태워 드렸다.

老人 노인　乗せる 태우다

key point

명사로서「救助:구조」「助手:조수」「援助:원조」도 암기해 두자.

(49) 3 乗せる 게재하다, 얹다

스키를 차 지붕에 싣고 외출했다.

車 차　屋根 지붕　出掛ける 외출하다

key point

신문이나 잡지 등에 게재하는 것은「載せる」라는 한자를 사용해야 한다.

(50) 3 　厳(きび)しい 엄하다, 엄격하다

그의 부모님은 예의범절에 엄격하다.

両親(りょうしん) 양친　しつけ 예의범절　悔(くや)しい 억울하다, 분하다　険(けわ)しい 험준하다, 험하다　寂(さび)しい 외롭다

key point

「厳しい」는 「힘들다」는 의미도 있는데, 예를 들면, 「あしたまでレポートを出(だ)すのはちょっと厳しいです:내일까지 리포트를 제출하는 것은 좀 힘듭니다」이다.

(51) 2 　困(こま)る 곤란하다

모르는 곳에서 길을 잃으면 난처하다.

知(し)る 알다　土地(とち) 땅, 토지　道(みち)に迷(まよ)う 길을 잃다

key point

명사로서 「困難(こんなん):곤란」을 알아야 하는데, 「混乱(こんらん):혼란」과 음독을 혼돈하지 않도록 하자.

(52) 1 　誇(ほこ)り 자부심

한국이 월드컵에서 우승했다. 나는 한국인인 것을 자부심으로 생각했다.

韓国(かんこく) 한국　優勝(ゆうしょう) 우승

key point

동사는 「誇(ほこ)る:뽐내다」이다.

(53) 3 　牧畜(ぼくちく) 목축

이 지방은 목축이 번성한다.

地方(ちほう) 지방　盛(さか)んだ 번성하다

key point

「家畜(かちく):가축」도 같이 암기하도록 하고, 「貯蓄(ちょちく):저축」의 「蓄」과 헷갈리지 않도록 하자.

(54) 2 　愉快(ゆかい) 유쾌

그와 함께 술을 마셔 매우 즐거웠다.

一緒(いっしょ) 함께　飲(の)む 마시다

key point

「痛快(つうかい):통쾌」도 같이 암기하도록 하고, 「유쾌」의 한자 둘 다 부수에 「心:마음 심」이 있는 것에 주의하자.

(55) 3 　甘(あま)い 달다, 생각이나 말이 달콤하다, 엄하지 않다

자네가 생각하는 것만큼 세상은 쉽지 않아.

君(きみ) 자네, 너　世(よ)の中(なか) 세상

key point

일반적으로 「달다」라는 의미로만 알고 있지만, 위의 문제처럼 「생각이나 말이 달콤하다, 엄하지 않다」라는 의미도 함께 알아두어야 한다. 공란 메우기 문제에서 자주 출제된다.

(56) 4 　消(け)す 끄다, 지우다

명부에서 그의 이름을 지웠다.

名簿(めいぼ) 명부　名前(なまえ) 이름

key point

자동사는 「消(き)える:꺼지다, 사라지다」이다. 명사로서 「消化(しょうか):소화」도 알아두자.

(57) 1 　属(ぞく)する 속하다

이 섬은 바로 얼마 전까지 프랑스에 속했었다.

島(しま) 섬　つい 바로　この間(あいだ) 이전

key point

「한자+する・じる・ずる」는 「한자의 음독+する・じる・ずる」로 읽는데, 예를 들면, 「信(しん)じる:믿다」「感(かん)じる:느끼다」「帰(き)する:돌아가다」이다.

(58) 3 　論争(ろんそう) 논쟁

그들 사이에는 논쟁이 끊이지 않는다.

間(あいだ) 사이　絶(た)える 끊이다

key point

「論争」의 「論」에 「言:말씀 언」이 있는 것에 주의하고, 그 외에 「議論(ぎろん):토론」「言論(げんろん):언론」도 알아두자.

(59) 4 　歩道(ほどう) 보도

모두 횡단보도를 건너려고 하고 있다.

横断(おうだん) 횡단　渡(わた)る 건너다　동사의지형+とする ~하려고 하다

key point

「徒歩(とほ):도보」와 「道路(どうろ):도로」도 알아두자.

(60) 4 　得意(とくい)だ 잘하다, 특기이다

영어는 내가 잘하는 과목이 아니다.

英語(えいご) 영어　科目(かもく) 과목

key point

「得意」의 반대어로는 「苦手(にがて)だ:서툴다, 잘 못하다」가 있다.

(61) 3 　散(ち)らかる 흩어지다, 어질러지다

공원에는 종이 부스러기와 빈 캔이 어질러져 있었다.

公園(こうえん) 공원　紙(かみ)くず 종이 부스러기　空(あ)き缶(かん) 빈 캔

key point

「散歩(さんぽ):산책」「分散(ぶんさん):분산」도 같이 암기하자.

(62) 3 　突(つ)く 찌르다

잘못하여 손가락을 바늘로 찔러버렸다.

誤(あやま)る 실수하다　指(ゆび) 손가락　針(はり) 바늘

key point

동음이의어로서 「着(つ)く:도착하다」「付(つ)く:붙다」「就(つ)く:취직하

다」가 있다.

(63) 2 灯台 등대

등대는 바다의 경찰관이기도 하다.

海 바다　警察官 경찰관

key point

「台」는 음독이 「たい」「だい」두 가지가 있는데, N3에서는 「舞台」와 「台風:태풍」만 「たい」로 읽고, 나머지는 전부 「だい」로 읽어야 한다.

(64) 3 蒸発 증발

그녀의 남편은 3년 전에 증발한 이후로 연락이 없다.

夫 남편　年前 년 전　동사과거형+きり ~한 이후로 여태까지 (~하다)

key point

「水蒸気:수증기」도 같이 알아두어야 한다.

(65) 1 若々しい 아주 젊다, 생기발랄하다

그녀는 나이에 비해서는 아주 젊다.

年 나이　～のわりに ~에 비해

key point

「若い:젊다」라는 한자를 알면, 위의 한자 읽기는 쉽게 암기 할 수 있을 것이다. 「苦しい:괴롭다」의 「苦」와 헷갈리지 않도록 하자.

(66) 3 借りる 빌리다

싼 요금으로 차를 빌렸다.

安い 싸다　料金 요금　車 차

key point

「貸す」는 「내가 다른 사람에게 빌려주다」이지만, 「借りる」는 「내가 다른 사람에게 빌리다」라는 의미이다.

(67) 3 過ごす 보내다

그의 덕분으로 즐거운 휴가를 보냈다.

楽しい 즐겁다　休暇 휴가

key point

「過ぎる:지나다」와 「～に過ぎない:~에 지나지 않는다, ~에 불과하다」도 같이 암기하자.

(68) 2 検査 검사

공무원이 식당의 위생상태의 검사를 하러 왔다.

役人 공무원　食堂 식당　衛星 위성　状態 상태

key point

「試験:시험」의 「験」과 반드시 구분해야 한다.

(69) 1 骨折 골절

의사는 그녀의 골절된 다리의 치료를 했다.

医者 의사　脚 다리　治療 치료

key point

「骨:뼈」와 「折る:꺾다」도 알아두도록 하자.

(70) 3 惜しい 아깝다

시시한 회의에 출석하는 것은 (시간이) 아깝다.

会議 회의　出席 출석

key point

「惜しい」는 질적으로 아깝다는 의미이고 양적으로 아깝다는 것은 「もったいない」를 사용한다.

(71) 2 優れる 뛰어나다

젊을 때는 그렇게 뛰어난 소설가가 되리라고는 생각되지 않았다.

若い 젊다　小説家 소설가

key point

명사로서 「優秀:우수」도 알아두자.

(72) 1 通る 지나다, 통과하다

보행자 전용도로이니 차는 지날 수 없다.

歩行者 보행자　専用 전용　道路 도로

key point

「通う」는 「다니다」라는 의미이므로, 의미에 따라서 한자의 읽기가 바뀌는 것에 주의해야 한다.

(73) 3 撮影 촬영

박물관 내는 촬영 금지입니다.

博物館内 박물관 내　禁止 금지

key point

「撮影」의 「撮」과 「最高:최고」의 「最」를 구분하도록 하자.

(74) 1 婦人 부인

부인용의 속옷매장은 몇 층입니까?

肌着 속옷　売場 매장　何階 몇 층

key point

N3에서 「○人」으로 한자 중, 「○人」으로 읽는 것은 「病人:환자」「商人:상인」「他人:타인」뿐이다. 나머지는 전부 「○人」으로 읽어야 한다.

(75) 1 危ない 위험하다

나의 심장으로는 조깅은 위험하다고 말했다.

心臓 심장

명사 「危険:위험」「危機:위기」도 알아두자.

(76) 4 数える 세다

나의 셀 수 없는 사랑을 너에게 주고 싶어.

동사ます형+きれない 전부(완전히) ~할 수 없다　愛 사랑　君 자네, 너　覚える 기억하다　例える 예를 들다　教える 가르치다

key point

「数」를 단독으로 읽으면「数:숫자」이지만, 다른 한자와 접속해서 읽으면 음독이「すう・ずう」가 되는데, N3에서는 전부「すう」이다.

(77) 1 出会う 만나다

두 사람은 그곳에서 만나야만 할 운명이었다.

～べきだ ~해야만 한다　運命 운명

key point

「出る:나가다」와「会う」의 합성어이므로 외우기 편할 것이다. 그리고「出迎える:맞이하다, 마중하다」도 알아두자.

(78) 2 責任 책임

이 건에 대해서의 책임은 모두 간부가 져야 한다.

件 건　幹部 간부　～べきだ ~해야만 한다

key point

「任務:임무」「任命:임명」도 알아두자.

(79) 3 放送 방송

공영방송의 민영화를 둘러싸고 토론이 계속되었다.

公営 공영　民営化 민영화　～をめぐって ~을 둘러싸고　議論 토론　続く 계속되다

key point

동음이의어로서「包装:포장」이 있다.

(80) 4 偉い 훌륭하다

타인을 위해서 희생하는 그것이 그녀의 훌륭한 점이다.

他人 타인　犠牲 희생　きつい 힘들다, 사이즈가 작다　鈍い 느리다　辛い 맵다

key point

명사「偉大:위대」도 알아두자. 그리고「衛生:위생」의「衛」,「違反:위반」의「違」와 헷갈리지 않도록 하자.

(81) 2 鳴る 울리다

한창 회의를 하는 중에 휴대전화가 울려 난처했다.

会議 회의　현재 진행형+最中だ 한창~중이다　携帯電話 휴

대전화　困る 곤란하다

key point

「泣く:동물이나 사람이 울다」와 구분하도록 하자.

(82) 4 変わる 바뀌다

이대로는 무리이지만 조건이 바뀌면 한 번 더 생각 못 할 것은 없다.

無理 무리　条件 조건　一度 한 번　考える 생각하다　ないことはない ~못 할 것은 없다

key point

타동사는「変える:바꾸다」이다.

(83) 2 事故 사고

사고현장에서 자신의 아이를 발견한 부모는 슬픈 나머지 울어 버렸다.

現場 현장　見つける 발견하다　親 부모　かなしさ 슬픔　～あまり ~한 나머지　泣く 울다

key point

「故障:고장」「故郷:고향」도 같이 암기하자.

(84) 3 万年筆 만년필

요즘은 만년필 대신에 볼펜을 사용한다.

～かわりに ~대신에　使う 사용하다

key point

「筆」은 단독으로 읽으면「筆:붓, 필기도구」라는 의미가 된다.

(85) 1 悲しい 슬프다

서클활동과 수험은 슬프게도 서로가 방해되는 존재입니다.

部活 서클활동　受験 수험　お互いに 서로　동사ます형+あう 서로~하다　～ことに ~게도

key point

보기에 있는「寂しい:외롭다」「嬉しい:기쁘다」「厳しい:엄격하다」도 암기해 두도록 하자.

(86) 3 守る 지키다

다같이 정한 규칙이니, 지켜야만 한다.

決める 정하다　規則 규칙

key point

「保つ:유지하다」와「守備:수비」「厳守:엄수」도 암기하자.

(87) 1 泳ぐ 헤엄치다, 수영하다

모처럼 바다에 갔는데, 추워서 수영을 할 만 하지는 않았다.

海 바다　～どころではない ~할 때가 아니다, ~하지는 않다

key point

「水泳:수영」도 암기해야 하며,「氷:얼음」과「永遠:영원」의「永」

과 한자를 헷갈리지 않아야 한다.

(88) 3 　直後 직후

작년에 인도에서 귀국한 직후, 나는 「이런 곳에서는 두 번 다시 가지 않겠다」라고 마음 속으로 생각한 적이 있었다.

去年 작년　帰国 귀국　二度と 두 번 다시　동사기본형+ものか 절대~하지 않는다　心 마음

key point

「後」의 음독은 「ご」「こう」 두 가지가 있으나, N3에서 「こう」로 읽는 것은 「後輩:후배」「後者:후자」「後半:후반」 뿐이고, 나머지는 「ご」읽어야 한다.

(89) 4 　列車 열차

아들은 열차 시간에 맞도록 빨리 집에서 나갔다.

息子 아들　間に合う 시간이나 양에 맞다　〜ように ~하도록　早く 빨리　出る 나오다, 나가다

key point

「汽車:기차」도 암기해야 하고, 「例:예」와 한자를 구분하도록 하자.

(90) 3 　一般的だ 일반적이다

비용이 들지 않기 때문에 일반적인 홈페이지는 자기만족에 지나지 않는다.

コスト 비용　かかる 들다　自己 자기　満足 만족　〜にすぎない ~에 불과하다, ~에 지나지 않다

key point

「般」은 「船:배」, 「基盤:기반」의 「盤」과 한자를 구분해야 한다.

(91) 4 　行う 행하다

회의는 제 1 회의실에서 행해진다.

会議 회의　第一 제일　会議室 회의실　〜において ~에서

key point

「開く:개최하다, 열다」와 같은 의미로 사용되는 경우도 있다.

(92) 3 　覚ます 깨우다

오늘 아침, 비 소리에 잠을 깼다.

今朝 오늘 아침　雨 비　音 소리　目 눈

key point

동음이의어로서 「冷ます:식히다」가 있다.

(93) 1 　伝統 전통

이 대학은 역사가 긴 만큼 전통이 있다.

大学 대학　歴史 역사　長い 길다　〜だけに ~인 만큼

key point

「伝」의 음독은 「でん」이지만, 「運転:운전」의 「転」의 음독은 「てん」인 것에 주의하자.

(94) 3 　実際 실제

이론만으로는 잘 모르겠다, 실제로 사용하고 나서 비로소, 통할지 어떨지 판단할 수 있다.

理論 이론　使う 사용하다　〜てはじめて ~해서 비로소　通じる 통하다　〜かどうか ~인지 아닌지　判断 판단

key point

부사 「実に:실로, 참으로」, 명사 「現実:현실」「実感:실감」도 알아두자.

(95) 2 　頼もしい 믿음직스럽다

댁의 아드님은 믿음직스럽군요.

お宅 댁　息子 아들

key point

동사 「頼む:부탁하다」를 알고 있으면 「頼もしい」의 한자 읽기 외우기가 쉬울 것이다.

(96) 3 　似る 닮다

저 형제는 정말 닮았다. 사진을 보아도, 부모님도 헷갈릴 정도이다

兄弟 형제　本当に 정말로　写真 사진　親 부모　まちがえる 틀리다

key point

「~를 닮다」는 반드시 「〜に似ている」라고 해야 한다. 명사로서 「類似:유사」도 알아두도록 하자.

(97) 4 　埋める 파묻다

추워서 머플러에 얼굴을 반쯤 파묻었다.

寒い 춥다　顔 얼굴　半分 반

key point

부수에 「土:흙 토」가 있는 것에 주의해야 하고, 보기1번에 있는 「込める:담다」도 시험에 자주 출제된다.

(98) 2 　実力 실력

아무리 실력이 있는 선생님이라도, 하려고 하는 마음이 없는 학생은 가르칠 방법이 없다.

どんなに〜でも 아무리~라도　先生 선생님　やる気 하려고 하는 마음　生徒 학생　教える 가르치다　동사ます형+ようが(も)ない ~할 방법이(도) 없다

key point

「○力」은 읽기가 「○りょく」「○りき」 두 가지가 있는데, N3에서는 전부 「○りょく」로 읽어야 한다.

(99) 1 　雑音 잡음

이 레코드는 잡음이 심해져서 버려 버렸다.

捨てる 버리다

key point

「音」을 단독으로 읽으면 「おと:사물의 소리」를 나타내는데, 동물이나 사람의 소리는 「声:こえ」가 된다.

(100) 2 　当たり前だ 당연하다

이 예산으로는 적자가 나는 것은 당연하다.

予算 예산　足が出る 적자가 나다

key point

「当然だ:당연하다」와 같은 의미이다.

◈ Part 2 (한자 찾기·한자 표기)

(1) 1 　災難 재난

이대로라면 재난을 초래할지도 모른다.

招く 초래하다, 초대하다　〜かもしれない ~일지도 모른다

key point

「災害:재해」「被害:피해」도 같이 암기하자.

(2) 1 　感謝 감사

그들의 협력에 매우 감사했다.

〜ら 복수형　協力 협력

key point

謝 → 感謝 감사　謝罪 사죄
射 → 発射 발사　注射 주사

(3) 4 　車掌 차장

차장이 표 검사를 시작했다.

切符 표　検査 검사　始める 시작하다

key point

「掌」은 N3에서 「車掌」 외에 쓰임이 없다.

(4) 1 　眠い 졸리다

어젯밤은 철야를 해서 오늘은 졸린다.

昨夜 어젯밤　徹夜 철야

key point

眠 → 睡眠 수면
眼 → 眼科 안과

(5) 3 　膨らむ 부풀어오르다

동전으로 주머니가 불룩했다.

小銭 동전

key point

「膨張:팽창」「膨大:팽대(막대)」도 같이 암기하자.

(6) 2 　選択 선택

회의의 일시선택은 당신에게 맡기겠습니다.

会議 회의　日時 일시　任せる 맡기다

key point

「択」는 부수에 「手:손 수」가 있으므로 「손으로 뭔가를 고르다」라고 암기를 하면 한자가 헷갈리지 않을 것이다. 다른 예로, 「採択:채택」있다. 보기 3번의 「訳」는 「言い訳:변명」「申し訳ない:죄송하다」외에는 쓰임이 없으며, 보기 4번의 「沢」은 N3에서 쓰임이 없다.

(7) 4 　直線 직선

주자는 마지막의 직선코스로 들어왔다.

走者 주자　　最後 마지막　　入る 들어가다, 들어오다

key point

線 → 曲線 곡선　　地平線 지평선
綿 → 綿 면-옷감 종류

(8) 2 　動揺 동요

태풍의 영향으로 배가 동요하기 시작했다.

台風 태풍　　影響 영향　　船 배

key point

働 → 労働 노동
動 → 行動 행동
揺 → 動揺 동요-부수에 「손 수」가 있다
謡 → 童謡 동요-노래 歌謡 가요-부수에 「말씀 언」이 있다

(9) 2 　狭い 좁다

그의 외국문화의 지식은 좁다.

外国 외국　　文化 문화　　知識 지식

key point

보기 2번의 「狭」을 제외한 나머지 보기에 있는 비슷한 한자는 전부 N3 한자가 아니므로 암기할 필요가 없다.

(10) 1 　干す 말리다

비로 젖은 옷을 스토브로 말렸다.

雨 비　　濡れる 젖다　　衣類 옷

key point

보기 2번의 「汗」과 헷갈릴 수가 있지만, 「汗:땀」을 보면, 땀은 「물」이므로 부수에 「氵:물 수」가 있다고 생각하면 된다.

(11) 2 　述語 술어, 서술어

오늘은 주어와 술어의 수업을 했습니다.

今日 오늘　　主語 주어　　授業 수업

key point

術 → 技術 기술　　芸術 예술
述 → 述語 술어　　述べる 말하다, 서술하다

(12) 4 　開催 개최

미술전은 1월 20일부터 2월 20일까지 개최된다.

美術展 미술전

key point

開 → 開講 개강
閉 → 閉止 폐지

(13) 1 　並木 가로수

길을 따라 가로수가 심겨져있다.

道沿い 길을 따라　　植える 심다

key point

보기의 어휘들을 알아두도록 하자. 「植木:정원수」「苗木:묘목」
「枯木:고목, 시든 나무」

(14) 2 　治す 병을 고치다, 치료하다

감기를 치료하지 않으면 외출할 수 없습니다.

風邪 감기　　外出 외출

key point

보기 1번의 「直す」는 「기계나 물건을 고치다」라는 의미이므로 주의하자.

(15) 3 　酔う 취하다

취한 기운으로 옆에 앉아 있었던 여자에게 키스를 하려고 했다.

勢い 기세　　隣 옆　　座る 앉다　　女の子 여자

key point

보기 2번은 「寄る:들르다」라는 의미이다.

(16) 3 　霧 안개

마을은 하얀 안개에 쌓여 있었다.

町 마을　　白い 하얗다

key point

보기의 어휘들을 알아두도록 하자. 「雪:눈」「露:이슬」「霜:서리」
이다.

(17) 4 　講堂 강당

비 때문에 학교 강당에서 졸업식이 행해졌다.

雨 비　　学校 학교　　卒業式 졸업식　　行う 행하다

key point

講 → 講演 강연-부수에 「말씀 언」이 있다
構 → 構成 구성　　構造:구조-부수에 「나무 목」이 있다
購 → 購買 구매-부수에 「조개 패」(옛날의 화폐는 조개였으므로 돈 과 관련된 단어에 사용)가 있다.

(18) 1 　預金 예금

매월 3만 엔씩 은행에 예금하고 있다.

毎月 매월　　万円 만 엔　　〜ずつ ~씩　　銀行 은행

key point

보기 2번은 「貯金:저금」이다. 그리고 보기 3번의 「矛」는 「矛盾:모순」 외에는 쓰임이 없으며, 보기 4번은 「予報:예보」「予算:예산」을 알아두도록 하자.

(19) 4 力強い 든든하다

선배의 든든한 말씀에 기분이 밝아졌습니다.

先輩 선배　お言葉 말씀　気持ち 기분　明るい 밝다

key point

「力:힘」과 「強い:강하다」의 합성어이다.

(20) 3 生意気だ 건방지다

그의 건방진 태도는 참을 수 없다.

態度 태도　我慢 참음

key point

위의 단어 외에 「生放送:생방송」「生物:날 것」도 같이 알아두자.

(21) 4 洗濯 세탁

이 얼룩은 세탁을 해도 지지 않는다.

しみ 얼룩　落ちる 떨어지다

key point

濯 → 洗濯 세탁 – 부수에 「삼수 변」이 있다
曜 → 曜日 요일 – 부수에 「날 일」이 있다
躍 → 活躍 활약 – 부수에 「발 족」이 있다

(22) 3 倉庫 창고

이사할 때에 가구는 창고에 맡겼다.

引っ越す 이사하다　家具 가구　預ける 맡기다

key point

倉 → 倉庫 창고 – 이 단어 외에 쓰임이 없음
創 → 創造 창조　創刊 창간

(23) 3 日程 일정

다 같이 여행의 일정을 세우고 있다.

旅 여행　立てる 세우다

key point

「課程:과정」도 같이 알아두자.

(24) 4 細い 가늘다

할머니는 손자의 얼굴을 눈을 가늘게 해서 바라보았다.

お祖母さん 할머니　孫 손자　顔 얼굴　目 눈　眺める 바라보다

key point

「細かい:잘다, 세세하다」와 같이 알아두자.

(25) 4 滑る 미끄러지다

언 길에서 자동차가 미끄러졌다.

凍る 얼다　道 길　車 자동차

key point

보기 3번 한자는 「清い:맑다」「清潔:청결」을 알아두자.

(26) 2 標識 표지판

도로에 우회전금지의 표지판이 나와 있다.

道路 도로　右折 우회전　禁止 금지　出る 나오다

key point

識 → 意識 의식
織 → 組織 조직 – 「織」은 N3에서 이 단어 외에 쓰임이 없다
職 → 就職 취직

(27) 4 宇宙 우주

미국은 우주에 로켓을 발사했다.

発射 발사

key point

「宇」와 「宙」는 N3에서 「宇宙」 외에 쓰임이 없다.

(28) 3 騒音 소음

차의 소음으로 잘 수 없었다.

車 차　眠る 자다

key point

騒 → 騒音 소음
験 → 試験 시험　実験 실험

(29) 4 優しい 상냥하다

그녀는 상냥하게 딸의 머리를 쓰다듬었다.

娘 딸　頭 머리　なでる 쓰다듬다　易しい 쉽다

key point

보기 3번 「易しい:쉽다, 용이하다」와 헷갈리지 않도록 하자.

(30) 4 喜ぶ 기뻐하다

사원은 인사이동을 기뻐하지 않았다.

社員 사원　人事 인사　異動 이동

key point

보기 3번 「嬉」는 「嬉しい:기쁘다」는 의미로서 「喜」와 헷갈리지 않도록 하자.

(31) 3 植物 식물

모든 식물이 서리로 못쓰게 되었다.

霜 서리

key point

植 → 植物 식물
直 → 垂直 수직　直線 직선
置 → 設置 설치　位置 위치
値 → 数値 수치　価値 가치

(32) 2 名字 (みょうじ) 성

그녀의 성은 스기모토입니다.

杉本 (すぎもと) 인명

key point

字 → 文字 (もじ) 글자　数字 (すうじ) 숫자
学 → 学問 (がくもん) 학문　科学 (かがく) 과학

(33) 4 立派だ (りっぱだ) 훌륭하다

그는 실로 훌륭한 인물이라고 나는 생각하고 있다.

実に (じつに) 실로　人物 (じんぶつ) 인물

key point

같은 표현으로 「偉い:훌륭하다」가 있다. 그리고 「立入:출입」이라는 단어도 같이 암기하자.

(34) 1 温かい (あたたかい) 따뜻하다

그는 따뜻하게 손님에게 대했다.

お客さん (きゃくさん) 손님　接する (せっする) 접하다, 대하다

key point

「温かい (あたた)」는 「온정이나 인심이 따뜻하다」는 의미로 사용되고, 「暖かい (あたた)」는 「날씨나 기온이 따뜻하다」는 의미로 사용된다.

(35) 3 似合う (にあう) 어울리다, 걸맞다

그녀는 모자가 드레스에 잘 어울렸다.

帽子 (ぼうし) 모자

key point

「似る:닮다」와 「合う:맞다」의 복합어이다. 보기 2번과 4번의 「以」는 「以上:이상」「以下:이하」「以来:이래」 외에 N3에서의 쓰임은 없다.

(36) 3 首相 (しゅしょう) 수상

수상이 주최하는 「벚꽃을 보는 모임」이 행해졌다.

主催 (しゅさい) 주최　見る (みる) 보다　会 (かい) 모임　行う (おこな) 행하다

key point

像 → 映像 (えいぞう) 영상　想像 (そうぞう) 상상
象 → 対象 (たいしょう) 대상　象徴 (しょうちょう) 상징

(37) 2 改札 (かいさつ) 개찰

열차의 혼잡 때문에 일시적으로 개찰 중지가 되어다.

列車 (れっしゃ) 열차　混雑 (こんざつ) 혼잡　一時 (いちじ) 일시　〜止め (ど) 〜정지

key point

보기 3번의 「開礼」이라고 착각하기 쉽다. 그리고 「改訂:개정」「改善:개선」도 같이 암기하자.

(38) 4 禁止 (きんし) 금지

여기는 촬영금지이다.

撮影 (さつえい) 촬영

key point

歴 → 歴史 (れきし) 역사　経歴 (けいれき) 경력
禁 → 禁煙 (きんえん) 금연　禁物 (きんもつ) 금물

(39) 4 少ない (すくない) 적다

그의 성공의 전망은 적다.

成功 (せいこう) 성공　見込み (みこ) 전망

key point

보기 3번의 「小」는 「小さい:작다」로 사용되며, 「大小:대소」와 「多少:다소」도 같이 암기하자.

(40) 2 払う (はらう) 지불하다

현금으로 지불하면 싸진다.

現金 (げんきん) 현금　安い (やす) 싸다

key point

「支払う:지불하다」도 「지불하다」는 의미를 가지고 있고, 「払い戻し:환불」이라는 단어도 알아두자.

(41) 3 援助 (えんじょ) 원조

원조교제가 사회문제가 되었다.

交際 (こうさい) 교제　社会 (しゃかい) 사회　問題 (もんだい) 문제

key point

「助」는 한자 찾기 문제뿐만 아니라, 한자 읽기 문제에서도 자주 출제된다. 「助手:조수」「救助:구조」라는 단어도 같이 암기하자.

(42) 2 立入 (たちいり) 출입

관계자 이외 출입금지이니 들어오지 말아주세요.

関係者 (かんけいしゃ) 관계자　以外 (いがい) 이외　禁止 (きんし) 금지　入る (はい) 들어가다, 들어오다

key point

「出入り:출입」도 같이 암기하자.

(43) 3 墓 (はか) 무덤

할아버지는 지금 고향의 무덤에 잠들어 있다.

故郷 (こきょう) 고향　今 (いま) 지금　眠る (ねむ) 잠들다, 죽다

key point

墓 → 墓 (はか) 무덤
基 → 基礎 (きそ) 기초　基本 (きほん) 기본
旗 → 旗 (はた) 깃발
欺 (ぎ) → N3한자가 아님

(44) 2　古い 오래되다

한국은 오랜 역사가 있는 나라입니다.

韓国 한국　歴史 역사　国 나라

key point

古 → 古典 고전
故 → 故障 고장　故郷 고향

(45) 2　進む 진행되다

우리들은 수풀 속을 수 킬로 나아갔다.

我々 우리들　林 숲　中 안　数 수

key point

타동사는 「進める:진행하다」이고, 명사로서 「進行:진행」도 알아두자.

(46) 4　宣伝 선전

이 선전은 그다지 효과가 없었다.

あまり 그다지 별로　効果 효과

key point

転 → 運転 운전　転勤 전근
伝 → 伝達 전달　伝言 전언

(47) 2　効果 효과

좀 더 효과적인 방법은 없습니까?

方法 방법

key point

効 → 効率 효율　効率 효율
郊 → 郊外 교외　近郊 근교
果 → 成果 성과　結果 결과
課 → 課税 과세　課程 과정

(48) 3　採用 채용

채용 인원은 적었다.

人員 인원　少ない 적다

key point

採 → 採集 채집　採用 채용
菜 → 野菜 야채
彩 → 色彩 색채　光彩 광채

(49) 4　薄い 엷다, 얇다

운동장에 눈이 얇게 쌓여 있었다.

運動場 운동장　雪 눈　積もる 쌓이다

key point

N3에서 「薄」는 「薄い」 외에 쓰임이 없고, 보기 3번의 「博」은 「博覧会:박람회」를 알아두자.

(50) 2　望む 바라다

여러분이 전력을 다할 것을 바랍니다.

諸君 여러분, 제군　全力 전력

key point

「望み」는 「희망이나 소원」을 의미하며, 명사로서 「望遠鏡:망원경」도 알아두자.

(51) 1　辺り 주변, 주위

이 주변은 매우 조용하다.

静かだ 조용하다

key point

보기 2번은 「周り」라 읽으며 「주변, 주위」라는 의미로서 문제의 정답과 같은 의미이다.

(52) 2　恐ろしい 무섭다

무서운 광경을 눈앞에서 보았다.

光景 광경　目の前 눈앞

key point

보기 1번의 「怖い:무섭다」와 같은 의미이고, 「恐怖:공포」도 같이 암기하자.

(53) 3　誘い 권유

모처럼의 권유였지만 거절하기로 했다.

せっかく 모처럼　断わる 거절하다　〜ことにする ~하기로 하다

key point

보기 1번의 「勧」은 「勧める:권유하다」, 보기 4번의 「迷」는 「迷う:망설이다, 헤매다」를 알아두도록 하자.

(54) 3　黒い 검다

태양에 그을려 얼굴이 검어졌다.

日焼け 햇볕에 탐

key point

보기 4번의 「暗い:어둡다」와 헷갈리지 않도록 주의하자.

(55) 3　恨む 원망하다

왠지 모르지만 그는 나를 원망하고 있다.

分かる 알다

key point

限 → 限る 한정하다　限度 한도　限定 한정
恨 → 恨む 원망하다

(56) 4　連絡 연락

파출소의 순경에게 연락했다.

交番 파출소　お巡りさん 순경

key point

많이 알려져 있는 단어이지만, 한자를 정확하게 파악하고 있지 않으면 헷갈리기 쉽다. 그리고 보기 2번과 3번의 「錬」는 N3 한자가 아니다.

(57) 4　迷子 미아

유원지에서 미아가 되어버렸습니다.

遊園地 유원지

key point

「迷」는 「迷う:망설이다, 헤매다」는 동사를 암기하도록 하고 「迷子」의 「子」의 음독이 「こ」가 아니고, 「ご」임에 주의해야 한다.

(58) 2　岩 바위

저 바위는 크기 때문에 운반하는 것은 힘들다.

大きい 크다　動かす 운반하다, 이동시키다　大変だ 힘들다

key point

보기 1번은 「石:돌」이며 보기 3번과 4번의 한자는 N3 한자가 아니다.

(59) 2　明るい 밝다

소식을 듣고 부모님의 얼굴은 밝아졌다.

知らせ 알림　聞く 듣다　親 부모　顔 얼굴

key point

보기 4번의 「光」은 「光:빛」「光る:비추다」를 알아두도록 하자.

(60) 2　抜ける 빠지다

나이 탓인지 최근 머리카락이 자주 빠진다.

年 나이　最近 최근　髪の毛 머리카락

key point

보기 1번의 한자 「投」는 동사로서 「投げる:던지다」이고, 보기 3번은 「脱出:탈출」을 알아두도록 하자.

(61) 2　病状 병 상태

어머니의 병 상태가 나빠졌다고 들었다.

母 어머니　悪い 나쁘다　聞く 듣다

key point

「状態:상태」「状況:상황」「症状:증상」도 알아두어야 하며, 보기 4번의 「壮」은 N3에서 쓰임이 없으므로 암기할 필요는 없다.

(62) 4　整列 정렬

모두의 졸업사진을 찍을 테니 정렬해 주세요.

卒業 졸업　写真を撮る 사진을 찍다

列 → 行列 행렬
例 → 例文 예문　例外 예외

(63) 3　指揮 지휘

오케스트라의 지휘를 하는 것은 매우 힘듭니다.

大変だ 힘들다

key point

「揮」는 N3에서 「指揮」외에는 쓰임이 없으며, 「指摘:지적」「指導:지도」도 같이 알아두자.

(64) 3　涼しい 선선하다

한낮에는 매우 더웠지만, 저녁에는 선선해졌다.

日中 한낮　暑い 덥다　夕方 저녁

key point

N3에서 「涼」은 「涼しい」외에 쓰임이 없으며, 보기 2번의 「冷」은 「冷蔵庫:냉장고」「冷やす:식히다」로 사용된다.

(65) 1　表す 표현하다

나의 감사의 마음은 말로는 표현할 수 없습니다.

感謝 감사　気持ち 마음　言葉 말

key point

보기 2번과 동음이의어인데, 「現す:모습을 드러내다」라는 의미이다. 따라서 문장의 해석에 따라서 한자가 달라지므로 주의해야 한다.

(66) 2　世紀 세기

이것은 19세기부터 1920년대에 걸친 재즈 용어 사전입니다.

…から〜にかけて …부터〜에 걸쳐　年代 연대　用語 용어
辞典 사전

key point

記 → 日記 일기　記録 기록
紀 → 世紀 세기

(67) 2　最終 최종

밤의 도로를 달리는 마지막 버스를 보고, 나는 이상한 기분이 들었다.

夜 밤　道路 도로　走る 달리다　変 이상함

key point

「最高:최고」「最後:최후」「最悪:최악」도 같이 암기해 두자.

(68) 2　針 침, 바늘

팔에 바늘로 찌르는 듯한 아픔을 느꼈다.

腕 팔　刺す 찌르다　痛み 아픔　感じる 느끼다

key point

보기 3번은 「鉱山:광산」을 암기해야 하고, 보기 1번과 4번의 한자는 N3한자가 아니므로 암기할 필요는 없다.

(69) 2 太い 굵다

대체로 눈썹이 굵은 사람에게는 미인이 많다.

大体 대체로   美人 미인

key point

반대어로는 「細い:가늘다」이다. 그리고, 보기 4번 한자와 헷갈릴 수 있는데, 보기 4번은 「犬:개」이다.

(70) 3 誘う 권유하다, 불러내다

그는 도중에 나를 불러내어 차로 해안까지 데리고 가 주었다.

途中 도중   車 차   海岸 해안   連れる 동반하다

key point

誘 → 勧誘 권유
透 → 透明 투명
秀 → 優秀 우수

(71) 1 伝染 전염

하품이 교실 전체를 전염시켰다.

あくび 하품   教室中 교실 전체

key point

転 → 運転 운전   転勤 전근
伝 → 伝達 전달   伝言 전언

(72) 3 特色 특색

특색 있는 그의 목소리에 모두가 알았던 것 같다.

声 목소리   分かる 알다

key point

「特徴 특징」 「特別 특별」도 같이 알아두자.

(73) 3 偉大 위대

나는 그 만큼 위대한 인물은 없다고 생각한다.

ほど 만큼   人物 인물

key point

緯 → 緯度 위도   経緯 경위
違 → 違反 위반   違法 위법
偉 → 偉大 위대   偉人 위인

(74) 3 遅い 늦다

내일부터 개점시간이 1시간 늦어집니다.

明日 내일   開店 개점   時間 시간

key point

達 → 伝達 전달
遅 → 遅刻 지각
違 → 違反 위반

(75) 2 連れる 동반하다

남편은 아들을 야구장에 데리고 갔다.

息子 아들   野球場 야구장

key point

「連」은 명사로서 「連絡:연락」 「関連:관련」도 같이 알아두자.

(76) 3 推理 추리

경찰은 추리하여 범인을 알아내었다.

警察 경찰   犯人 범인   割り出す 판단을 내리다

key point

推 → 推進 추진   推理 추리
抽 → 抽象的 추상적   抽出 추출
維 → 維持 유지

(77) 1 解除 해제

기상청은 강풍경보를 해제했다.

気象庁 기상청   強風 강풍   警報 경보

key point

除 → 削除 삭제
徐 → 徐行 서행
余 → 余計 쓸데없음

(78) 1 原油 원유

전쟁 후, 원유의 가격이 올라갔다.

戦後 전쟁 후   価格 가격   上がる 올라가다

key point

願 → 願望 원하고 바람   念願 염원
原 → 原則 원칙   原子力 원자력
源 → 源泉 원천   資源 자원

(79) 1 丸い 둥글다

소녀들은 회장에서 둥글게 앉았다.

少女 소녀   会場 회장   座る 앉다

key point

N3에서 「丸」은 「丸い」 외에는 쓰임이 없다. 「四角い:네모지다」도 알아두자.

(80) 4 磨く 연마하다, 닦다

바이올린의 솜씨를 닦으러 유학을 했다.

腕 팔, 솜씨   留学 유학

key point

麻 → N3한자가 아님

歴 → 歴史 역사

磨 → N3에서 磨く 외에 쓰임이 없음

(81) 2　登録 등록

장기 은행에 제공자로서 등록했다.

臓器 장기　提供者 제공자

key point

禄 → 貫禄 관록

録 → 目録 목록　付録 부록

緑 → 緑茶 녹차

(82) 4　象徴 상징

이 그림은 평화를 상징하고 있다.

絵 그림　平和 평화

key point

像 → 映像 영상　想像 상상

象 → 対象 대상　象徴 상징

(83) 4　倹約 검약

그는 검약한 생활을 다짐하였다.

生活 생활　心がける 다짐하다, 마음먹다

key point

験 → 試験 시험　体験 체험　経験 경험　実験 실험

検 → 検査 검사　点検 점검

険 → 危険 위험　保険 보험

剣 → 剣道 검도　真剣 진지함

(84) 2　暗い 어둡다

불이 어두워서 책을 읽을 수 없다.

明り 빛　本 책　読む 읽다

key point

音 → 音楽 음악

暗 → N3에서 暗い 외에 쓰임이 없음

闇 → N3한자가 아님

(85) 1　散らす 흩뜨리다, 어지르다

천장에서 무대에 종잇조각을 날렸다.

天井 천장　舞台 무대　紙吹雪 잘게 썬 색종이

key point

「散らかす:뿌리다」와 「散歩:산책」도 같이 알아두자.

(86) 4　授業 수업

수업을 게을리 하는 것은 묵과할 수 없는 일이다.

目に余る 묵과할 수 없다

key point

授 → 教授 교수

受 → 受験生 수험생　受話器 수화기

(87) 2　軽い 가볍다

이 천은 무게가 느껴지지 않을 정도로 가볍다.

布 천　重さ 무게　感じる 느끼다

key point

반대말은 「重い:무겁다」이며, 보기 4번의 「経」는 「経済:경제」를 알아두자.

(88) 4　健康 건강

절대적인 건강은 있을 수 없다는 것이다.

絶対的 절대적　ありえない 있을 수 없다

key point

建 → 建設 건설

健 → 健康 건강

(89) 1　汚い 더럽다

그 아이는 더럽게 음식을 먹어서 자주 혼난다.

子 아이　食べ方 먹는 방식　叱る 꾸짖다

key point

「汚」는 명사로서 「汚染:오염」도 같이 알아두자.

(90) 3　響く 울리다, 영향을 주다

과음이 건강에 영향을 미쳤다.

飲み過ぎ 과음　健康 건강

key point

N3에서 「響」는 「響く」 외에 쓰임이 없다.

(91) 4　素敵だ 멋지다

수학여행에서 멋진 여자를 만났다.

修学旅行 수학여행　出会う 만나다

key point

摘 → 指摘 지적

適 → 適当 적당

滴 → 水滴 물방울

敵 → 素敵 멋짐

(92) 4　巻く 감다

상처를 입어 손가락에 붕대를 감았다.

怪我 부상　指 손가락　包帯 붕대

key point

보기 2번의 「券」은 N3한자가 아니다. 한자를 사용하지 않고 「まく」는 「뿌리다」는 의미도 있다.

(93) 3 **割れる 쪼개지다, 갈리다**

어제의 지진으로 지면이 갈라졌다.

昨日 어제　地震 지진　地面 지면

key point

害 → 災害 재해　被害 피해

割 → 割勘 각자부담　割合 비율

(94) 4 **蒸し暑い 무덥다**

올해는 예년보다는 매우 무덥다.

今年 올해　例年 예년

key point

「蒸す:찌다」와 「暑い:덥다」의 합성어로서 「찌는 듯이 덥다」라는 의미이다.

(95) 2 **満ちる 넘치다, 충만하다**

요즘은 활기에 넘치는 젊은이가 적다.

最近 최근　活気 활기　若者 젊은이　少ない 적다

key point

타동사로서 「満たす:충족시키다」, 명사로서 「満開:만개」도 알아두자,

(96) 1 **責める 책망하다**

사장님은 나의 부주의를 책망했다.

社長 사장　不注意 부주의

key point

동음이의어로 「攻める:공격하다」가 있다.

(97) 1 **教わる 배우다**

나는 이케다 교수에게 독일어를 배웠다.

池田 인명　教授 교수　〜語 ~어

key point

「学ぶ」「習う」와 같은 의미이며, 「教える:가르치다」와 헷갈리지 않도록 하자.

(98) 2 **預ける 맡기다, 보관시키다**

역에서 수화물을 맡겼다.

駅 역　手荷物 수화물

key point

명사로서 「預金:예금」을 알아두고, 보기 4번 「貯」를 사용한 「貯金:저금」도 암기하자.

(99) 3 **難しい 어렵다**

이 문제는 어려워서 풀 수 없다.

問題 문제　解く 풀다

key point

難 → 無難:무난

漢 → 漢字:한자

寒 → 寒気:한기

(100) 4 **蒸す 찌다**

오늘밤은 어젯밤과 비교해서 매우 덥다.

今夜 오늘밤　昨夜(さくや・ゆうべ) 어젯밤　〜に比べて ~와 비교해서

key point

명사로서 「蒸発:증발」「水蒸気:수증기」도 같이 암기하자.

(1) 4　現象 현상

불가사의한 현상이 일어나서 깜짝 놀랐다.

不思議だ 불가사의하다　起きる 일어나다　現在 현재　現時 현 시점　現場 현장

key point

この現象に対してはまだはっきりした説明がなされていない。

이 현상에 대해서는 아직 확실한 설명이 되어 있지 않다.

〜に対して ~에 대해서　説明 설명

(2) 1　活気 활기

활기에 넘쳐서 생활하는 그가 부럽다.

満ちる 넘치다　うらやましい 부럽다　活動 활동　生存 생존　活性 활성

key point

活気のある彼は何事でも肯定的に考える。

활기가 있는 그는 무슨 일이든 긍정적으로 생각한다.

何事 무슨 일　肯定的 긍정적　考える 생각하다

(3) 2　感謝 감사

감사의 마음을 담아 편지를 보냈다.

気持ち 마음　こめる 담다　手紙 편지　送る 보내다　感動 감동　感想 감상　感心 감격

key point

日本語にはさまざまな感謝の表現がある。

일본어에는 다양한 감사의 표현이 있다.

日本語 일본어　表現 표현

(4) 4　不安 불안

조금의 불안은 있었지만, 맡기기로 했다.

任せる 맡기다　不幸 불행　不利 불리　不通 불통

key point

彼の不安は納得できる。

그의 불안은 납득할 수 있다.

納得 납득

(5) 2　短期間 단기간

단기간으로 일본어가 능숙하게 되는 방법은 없습니까?

上手だ 능숙하다　方法 방법

key point

短時間 단시간　短距離 단거리　短時日 단시일

(6) 3　スピーカー 스피커

비싼 스테레오는 역시 스피커도 좋기 때문에 소리가 멋지다.

高い 비싸다　音 소리　アンテナ 안테나　コード 코드　スイッチ 스위치

key point

当社はいろいろな種類のスピーカーがございます。

당사는 여러 종류의 스피커가 있습니다.

当社 당사　種類 종류

(7) 2　せいぜい 기껏해야

올해는 날씨가 이상했기 때문에, 쌀의 수확은 기껏해야 작년의 반 정도일 것이다.

今年 올해　天気 날씨　おかしい 이상하다　米 쌀　収穫 수확　去年 작년　半分 반　もともと 원래　いよいよ 드디어　そろそろ 슬슬, 머지않아

key point

彼女はせいぜい5千円しか払わないだろう。

그녀는 기껏해야 5천 엔밖에 지불하지 않을 것이다.

払う 지불하다

(8) 4　得意だ 잘하다

나는 초등학생 때, 잘하는 과목은 무엇입니까 라고 질문을 받을 때마다 체육이라고 대답했다.

小学生 초등학생　科目 과목　〜たびに ~때마다　体育 체육　答える 대답하다　有能だ 유능하다　上手だ 능숙하다　安心 안심

key point

語学が得意だからといって、必ずしも就職に有利だとは限らない。

어학을 잘한다고 해서 반드시 취직에 유리하다고는 할 수 없다.

語学 어학　必ずしも 반드시　有利 유리　〜とは限らない ~라고는 할 수 없다

(9) 2　おこる 화를 내다

그러한 말을 들으면 자존심이 센 그이니까 엄청 화를 낼 것이다.

聞く 듣다, 묻다　高い 높다　さわる 만지다　まよう 망설이다, 헤매다　もどる 되돌아오다

key point

彼が怒っているから、静かにするしかない。

그가 화를 내고 있으니까 조용히 할 수밖에 없다.

静かだ 조용하다

(10) 2　むかえる 맞이하다

이 잡지도 여러분의 덕분에 1주년을 맞이할 수가 있었습니다.

雑誌 잡지　周年 주년　あらそう 경쟁하다　みおくる 배웅하다　あつかう 취급하다, 다루다

key point

新年を迎えるにあたって、一年の計画を立てた。

신년을 맞이함에 임해서, 1년의 계획을 세웠다.

新年 신년　〜にあたって ~에 임해서　一年 1년　計画 계획　立てる 세우다

(11) 3　改造 개조

이 방을 창고로 개조했다.

部屋 방　倉庫 창고　改正 개정　改良 개량　改善 개선

key point

性格を改造するため努力した。

성격을 개조하기 위해서 노력했다.

性格 성격　努力 노력

(12) 1　予測 예측

어떤 일이 일어날지 아무도 예측할 수 없었다.

起きる 일어나다　誰も 아무도　予報 예보　予期 예기　予防 예방

key point

人の未来を予測するのは不可能だ。

사람의 미래를 예측하는 것은 불가능하다.

未来 미래　不可能 불가능

(13) 2　温室 온실

온실에서 겨울 야채를 키우고 있다.

冬 겨울　野菜 야채　育てる 키우다　温泉 온천　温暖 온난　温帯 온대

key point

地球は温室効果によって、だんだん暖かくなっている。

지구는 온실효과에 의해 점점 따뜻해지고 있다.

地球 지구　効果 효과　〜によって ~에 의해서　だんだん 점점　暖かい 따뜻하다

(14) 1　平和 평화

전쟁이 없는 평화로운 나라를 만들기 위해서 모두 노력했다.

戦争 전쟁　国 나라　作る 만들다　努力 노력　平均 평균　平気だ 아무렇지도 않다　平凡だ 평범하다

key point

みんなで力を合わせて平和で住みやすい社会を作りましょう。

다 같이 힘을 합쳐 평화롭고 살기 편한 사회를 만듭시다.

力 힘　合わせる 합치다　住む 살다　동사ます형+やすい ~하기 쉽다(편하다)　社会 사회　作る 만들다

(15) 4　件 건

오늘의 교통사고는 8건이었습니다만, 사망자는 없었습니다.

交通 교통　事故 사고　死者 사망자　個 개　軒 채, 집을 세는 단위　度 번

key point

指摘の件は改善します。

지적하신 건은 개선하겠습니다.

指摘 지적　改善 개선

(16) 2　マイナス 마이너스

영화 여자 배우에게 나쁜 소문이 나면 마이너스 이미지가 된다.

映画 영화　女優 여자 배우　悪い 나쁘다　うわさが立つ 소문이 나다　ストップ 스톱　ミス 미스　オーバー 오버

key point

他人の悪口を言うと、マイナスイメージを与える。

다른 사람의 욕을 하면 마이너스 이미지를 준다.

他人 타인　悪口を言う 욕을 하다　与える 주다

(17) 3　せっかく 모처럼

모처럼 가족여행 계획을 세웠는데, 또 아버지의 일 때문에 갈 수 없게 되어 버렸다.

家族 가족　旅行 여행　計画を立てる 계획을 세우다　父 아버지　仕事 일　わざと 일부러　かなり 상당히　なにも 유독

key point

せっかく階段を走って降りたのに、電車に乗れなかった。

모처럼 계단을 뛰어내려왔는데, 전철을 탈 수 없었다.

階段 계단　走る 달리다　降りる 내리다　電車 전철　乗る 타다

(18) 4　みっともない 보기 흉하다, 꼴사납다, 꼴불견이다

식사 중에 소리를 내는 것은 꼴불견이다.

食事中 식사 중　音を立てる 소리를 내다　うらやましい 부럽다　あわただしい 분주하다　はげしい 격렬하다

key point

彼はみっともない姿で親の前に現れた。
그는 꼴사나운 모습으로 부모 앞에 나타났다.

姿 모습　親 부모　現れる 나타나다

彼の眼鏡の姿からお父さんの顔が連想される。
그의 안경 낀 모습에서 아버지의 얼굴이 연상된다.

眼鏡 안경　姿 모습　お父さん 아버지　顔 얼굴

(19) 1　**つながる** 연결되다, 이어지다

지금 대책을 세우지 않으면, 큰 사고로 이어진다.

今 지금　対策 대책　大事故 큰 사고　とどく 배달되다　きえる 사라지다　あずかる 맡다

key point

この道路は東京までつながっている。
이 도로는 도쿄까지 연결되어 있다.

道路 도로

(20) 4　**きめる** 정하다, 결정하다

어떤 컴퓨터를 사면 좋을지, 좀처럼 하나로 결정할 수 없다.

買う 사다　一つ 하나　こめる 담다　さめる 식다　とめる 세우다, 멈추다

key point

いつ留学に行くかまだきめていない。
언제 유학 갈지 아직 정하지 않았다.

留学 유학

(21) 4　**分野** 분야

야마다 씨는 여러 분야에서 활약했다.

活躍 활약　分布 분포　分散 분산　分類 분류

key point

この分野で画期的な製品を開発した。
이 분야에서 획기적인 제품을 개발했다.

画期的 획기적　製品 제품　開発 개발

(22) 3　**洪水** 홍수

이 지역은 항상 많은 비로 홍수가 일어난다.

地域 지역　雨 비　水産 수산　水筒 물통　水泳 수영

key point

洪水を防ぐためダムを建設した。
홍수를 막기 위해 댐을 건설했다.

防ぐ 막다　建設 건설

(23) 4　**連想** 연상

이 그림에서 연상되는 것은 무엇입니까?

絵 그림　連絡 연락　連続 연속　連合 연합

key point

(24) 3　**自信** 자신(감)

자신감을 가지는 것은 좋지만, 그래도 주의해라.

持つ 가지다　気をつける 주의하다　自立 자립　自宅 자택　自治 자치

key point

一人で間違えずに歌える自信のある人だけ手を上げなさい。
혼자서 틀리지 않고 노래를 할 수 있는 자신이 있는 사람만 손을 들어라.

一人 혼자　間違える 틀리다　歌う 노래하다　手 손　上げる 올리다

(25) 3　**正社員** 정사원

1년 일해서 겨우 정사원이 되었습니다.

働く 일하다

key point

正反対 정반대　正会員 정회원　正三角形 정삼각형

(26) 2　**スタンド** 스탠드

야구 시합에서 관객이 스탠드에서 뛰어내려왔다.

野球 야구　試合 시합　観客 관객　飛び降りる 뛰어내리다　グランド 그랜드, 큰　コース 코스　センター 센터

key point

野球を見に来た人々でスタンドはいっぱいだった。
야구를 보러 온 사람들로 스탠드는 꽉 찼다.

野球 야구　見る 보다　来る 오다

(27) 2　**それとも** 그렇지 않으면

마실 것은 와인으로 하겠습니까, 그렇지 않으면 맥주로 하겠습니까?

飲み物 마실 것　ところで 그런데　けれども 하지만　それでは 그럼

key point

私から連絡をしたほうがいいでしょうか、それともあなたが連絡しますか。
제 쪽에서 연락하는 편이 좋습니까? 그렇지 않으면 당신이 연락하겠습니까?

連絡 연락

(28) 3 とくべつだ 特別하다

特別히 당신에게만 가르쳐 주겠다.

教える 가르치다　じゆうだ 자유다　しんせつだ 친절하다
ふくざつだ 복잡하다

key point

お客様は大切な方ですので、１０％の特別割引をさせて
いただきます。

손님은 소중한 분이기 때문에 10% 특별할인을 하겠습니다.

お客様 손님　大切だ 소중하다　方 분　割引 할인　동사사
역형+〜ていただく ~하겠다 (겸양표현)

(29) 3 まわる 돌다

지구는 항상 돌고 있다.

地球 지구　まげる 굽히다　ほめる 칭찬하다　まねく 초대
하다

key point

時計はいつも左から右へまわる。

시계는 항상 왼쪽에서 오른쪽으로 돈다.

時計 시계　左 왼쪽　右 오른쪽

(30) 2 とぶ 날다

푸른 하늘에 새가 날고 있었다.

青空 푸른 하늘　鳥 새　ふむ 밟다　わたす 건너다　もどす
되돌리다

key point

品物がとぶように売られた。

물건이 날개 돋친 듯이 팔렸다.

品物 물건　売る 팔다

(31) 4 方言 방언

이 지역의 방언을 조사했다.

地域 지역　調べる 조사하다　方面 방면　方角 방향, 방위
方針 방침

key point

彼はいきなり関西方言を言っていた。

그는 갑자기 관서지방 방언을 했다.

いきなり 갑자기　関西 관서

(32) 2 景色 경치

정상에서 본 경치는 멋있었다.

頂上 정상　景気 경기　遠足 소풍　奇跡 기적

key point

その景色の美しさは言葉では表せない。

그 경치의 아름다움은 말로는 표현할 수 없다.

美しさ 아름다움　言葉 말　表す 표현하다

(33) 2 優秀 우수

이 회사에는 우수한 인재가 많다.

人材 인재　用途 용도　技術 기술　将来 장래

key point

優秀な学生には海外の研修の機会を与える。

우수한 학생에게는 해외 연수의 기회를 준다.

学生 학생　海外 해외　研修 연수　機会 기회　与える 주다

(34) 1 認定 인정

당신의 공적은 인정하겠습니다.

功績 공적　認識 인식　測定 측정　担当 담당

key point

私の点数は認定されなかった。

나의 점수는 인정되지 않았다.

点数 점수

(35) 2 非常識 비상식

그는 항상 비상식적인 말을 하기 때문에 미움을 받는다.

きらう 싫어하다

key point

非現実 비현실　非公開 비공개　非効率 비효율

(36) 3 トレーニング 트레이닝

어떤 스포츠라도 일류인 사람은 모두 괴로운 트레이닝을 체험하
고 있다.

一流 일류　つらい 괴롭다　体験 체험　レベル 레벨　クリ
ーニング 클리닝　プラン 플랜, 계획

key point

さすが毎日トレーニングしているだけあってすごい体力
だ。

과연 매일 트레이닝하고 있는 만큼 엄청난 체력이다.

さすが 과연　毎日 매일　〜だけあって ~인 만큼　体力 체
력

(37) 4 もっとも 가장

면접에서 가장 중요한 것은 무엇입니까?

面接 면접　大切だ 중요하다　おそらく 아마　ようやく 겨

우　あらためて 새롭게

key point

現在の私たちにとって、もっとも重要なのは、地球の環境を守ることであろう。

현재 우리들에게 있어서 가장 중요한 것은 지구의 환경을 지는 것일 것이다.

現在 현재　～にとって ~에 있어서　重要だ 중요하다　地球 지구　環境 환경　守る 지키다

(38) 1　うすぐらい 어두컴컴하다

저 커피숍은 가게 안이 어두컴컴하기 때문에 싫다.

喫茶店 커피숍　店内 가게 안　くやしい 억울하다, 분하다　ほそい 가늘다　かわいらしい 귀엽다

key point

子供はうすぐらい部屋の中で一人でいた。

아이는 어두컴컴한 방안에서 혼자서 있었다.

子供 아이　部屋 방　中 안　一人 혼자

(39) 4　一人なおす 고치다

실수를 지적해도 고치지 않았다.

指摘 지적　はさむ 끼우다　どなる 호통 치다　なれる 익숙해지다

key point

兄が宿題をなおしてくれた。

형이 숙제를 고쳐주었다.

兄 형, 오빠　宿題 숙제

(40) 2　かたづく 정리되다

자네가 도와준 덕분에 일이 일찍 정리되었다.

君 자네, 너　手伝う 도와주다　仕事 일, 직업　早く 일찍　うたがう 의심하다　たすかる 도움이 되다, 살아나다　あまえる 응석부리다, 감사히 여기다

key point

かたづいた部屋は気持ちいい。

정리된 방은 기분이 좋다.

かたづく 정리되다　部屋 방　気持ち 기분

(41) 4　活動 활동

클럽 활동으로 테니스를 하고 있다.

生活 생활　動作 동작　労働 노동

key point

卒業も危ないのだから、就職活動どころではない。

졸업하는 것도 위험해서 취업활동을 할 때가 아니다.

卒業 졸업　危ない 위험하다　就職 취직　～どころではない ~할 때가 아니다

(42) 4　会計 계산

실례합니다. 계산 부탁합니다.

会場 회장, 행사를 하는 장소　会談 회담　会合 회합, 모임

key point

いつも会計は先輩が持ちます。

항상 계산은 선배가 합니다.

先輩 선배　持つ 들다, 계산하다

(43) 2　不満 불만

부장님의 말투에는 불만이 있다.

部長 부장　言い方 말투　記事 기사　不利 불리　有無 유무

key point

不満がないことはないが、ちょっと言いにくい。

불만이 없는 것은 아니지만 좀 말하기 어렵다.

동사ます+にくい ~하기 어렵다

(44) 3　規制 규제

회사는 복장을 규제했다.

会社 회사　服装 복장　制度 제도　規律 규율　法律 법률

key point

大事な行事のため交通規制された。

중요한 행사 때문에 교통규제를 당했다.

大事だ 중요하다　行事 행사　交通 교통

(45) 3　開会式 개회식

개회식은 오전 10시부터입니다.

午前 오전　時 시

key point

閉幕式 폐막식　結婚式 결혼식　記念式 기념식

(46) 4　コミュニケーション 커뮤니케이션

저 회사는 간부와 사원의 커뮤니케이션이 잘 되고 있다.

会社 회사　幹部 간부　社員 사원　オーケストラ 오케스트라　コーラス 코러스　スケジュール 스케줄

key point

コミュニケーション能力がないと社会生活ができない。

커뮤니케이션 능력이 없으면 사회생활을 할 수 없다.

能力 능력　社会 사회　生活 생활

(47) 1　いまにも 당장에라도

그런 식사를 하고 있으면 당장에라도 병이 걸려버립니다.

食事 식사　病気 병　いつまでも 언제까지나　いまに 지금
いつでも 언제든지

key point

今にも雨が降り出しそうだ。

당장이라도 비가 내릴 것 같다.

雨 비　降り出す 갑자기 내리다

(48) 1　かたい 딱딱하다, 질기다

이렇게 질긴 고기는 먹을 수 없다.

肉 고기　食べる 먹다　こい 진하다　おさない 어리다　あらい 거칠다, 황폐하다

key point

この数日、歯が痛くて、かたいものが食べられなくて困った。

요 며칠, 이가 아파서 딱딱한 것을 먹을 수 없어서 난처했다.

数日 며칠　歯 이　痛い 아프다　困る 곤란하다

(49) 3　ゆるす 용서하다, 허락하다

그가 먼저 사과하지 않는 한, 결코 그를 용서하지 않겠다.

彼 그　先に 먼저　あやまる 사과하다　〜ないかぎり ~않는 한　決して 결코　いかす 살리다　おどる 춤추다　たおす 쓰러뜨리다

key point

部長は部下のミスをゆるしてくれた。

부장님은 부하의 실수를 용서해 주었다.

部長 부장　部下 부하

(50) 1　みまう 위문하다, 문병하다

요 전날, 병에 자주 걸리는 이모를 문병하러 갔다.

先日 요 전날　病気 병　〜がちの ~하기 쉬운　行く 가다　ながれる 흐르다, 무효가 되다　ひかる 빛나다　もとめる 구하다, 요구하다

key point

忙しくて病気の父をみまいに行く時間もなかった。

바빠서 병 든 아버지를 문병 갈 시간도 없었다.

忙しい 바쁘다　病気 병　父 아버지　時間 시간

(51) 4　講義 강의

교수님의 강의는 너무 어렵다

教授 교수　難しい 어렵다　義務 의무　義理 의리　礼儀 예의

key point

その講義はとても長かったが、それにもかかわらず私はその講義を楽しんだ。

그 강의는 매우 길었지만 그럼에도 불구하고 나는 그 강의를 즐겼다.

長い 길다　〜にもかかわらず ~임에도 불구하고　楽しむ 즐기다

(52) 3　刑事 형사

범인은 형사에게 체포되었다.

犯人 범인　逮捕 체포　形態 형태　順序 순서　死刑 사형

key point

刑事になるのが将来の夢です。

형사가 되는 것이 장래의 꿈입니다.

将来 장래　夢 꿈

(53) 4　空想 공상

소설에는 공상의 인물이 많다.

小説 소설　人物 인물　思想 사상　感想 감상　映像 영상

key point

彼女は自分が映画スターになったと空想してみた。

그녀는 자신이 영화스타가 되었다고 공상해 보았다.

自分 자신　映画 영화

(54) 3　需要 수요

수요가 공급을 상회하면 상품의 가격은 오른다.

供給 공급　上回る 상회하다　商品 상품　価格 가격　上がる 오르다　要領 요령　要素 요소　必要 필요

key point

携帯にたいする大きな需要があった。

휴대폰에 대한 큰 수요가 있었다.

携帯 휴대폰　〜にたいする ~에 대한

(55) 1　社交的 사교적

사교적인 그는 친구가 많다.

友だち 친구　多い 많다

key point

比較的 비교적　魅力的 매력적　画期的 획기적

(56) 2　プラン 플랜, 계획

여름방학의 플랜은 벌써 만들었니?

夏休み 여름방학　作る 만들다　スマート 스마트, 말쑥함

リットル 리터　ステージ 무대

そのプランでは、失敗するおそれがありますよ。

그 플랜으로서는 실패할 우려가 있습니다.

失敗 실패　おそれ 우려

(57) 3　おもな 주된

오늘 회의의 주된 의제는 무엇입니까?

会議 회의　議題 의제　すべて 모든　ほんの 아주 적은

たいした 대단한

当社は語学出版をおもな仕事としています。

당사는 어학출판을 주된 일로서 하고 있습니다.

当社 당사　語学 어학　出版 출판　仕事 일

(58) 3　立派だ 훌륭하다

후배는 맡겨진 일을 훌륭하게 성공했다.

後輩 후배　任せる 맡기다　仕事 일　成功 성공　平気だ 아

무렇지도 않다　強引に 억지로, 강제로　素直だ 순수하다, 정

직하다

立派なことをやって先生からほめられた。

훌륭한 일을 해서 선생님으로부터 칭찬 받았다.

ほめる 칭찬하다

(59) 3　たつ 경과하다, 시간이 흐르다

결혼하고 나서 몇 십 년이나 지나면, 결혼기념일조차 잊어버린

다.

結婚 결혼　何十年 몇 십 년　結婚記念日 결혼 기념일　さえ

조차　忘れる 잊어버리다　われる 쪼개지다　むかう 향하다

みちる 가득 차다

時間がたつのは速い。

시간이 흐르는 것은 빠르다.

時間 시간　速い 빠르다

(60) 4　おちつく 차분해지다, 진정되다

흥분한 딸이 진정되었다.

興奮 흥분　娘 딸　もとづく 근거로 하다　ふりむく 뒤돌아

보다　すぐれる 뛰어나다

彼の気持ちがおちつくまで待とう。

그의 마음이 진정될 때까지 기다리자.

気持ち 마음　待つ 기다리다

(61) 1　徹夜 철야

철야를 했는데 일이 끝나지 않았다.

仕事 일　終わる 끝나다　深夜 심야　昨夜 어젯밤　夜空 밤

하늘

彼女はまるで徹夜をしたかのような顔をしていました。

그녀는 마치 철야를 한 듯한 표정을 짓고 있었습니다.

まるで 마치　顔をする 표정을 짓다

(62) 2　運転 운전

하루종일 운전연습을 했다.

一日中 하루 종일　練習 연습　伝達 전달　伝言 전언　転倒

전도, 전복

運転しながら電話をしないでください。

운전을 하면서 전화를 하지 말아주세요.

電話 전화

(63) 1　歴史 역사

일본의 옛날 역사에 대해서는 잘 모른다.

昔 옛날　分かる 알다　禁煙 금연　現代 현대　症状 증상

歴史の本を読むのが好きです。

역사책을 읽는 것을 좋아합니다.

本 책　読む 읽다　好きだ 좋아하다

(64) 1　試験 시험

수학 시험은 매우 어려웠다.

数学 수학　難しい 어렵다　検査 검사　点検 점검　検事 검

사

ドイツ語の試験に落ちたばかりに、来月に卒業できない。

독일어 시험에 떨어진 바람에 다음 달에 졸업할 수 없다.

語 어　落ちる 떨어지다　동사과거형+ばかりに ~한 바람에

来月 다음 달　卒業 졸업

(65) 2　最優秀 최우수

그가 최우수 선수로 뽑혔다.

選手 선수　選ぶ 선택하다, 뽑다

key point

最優先 최우선　最下位 최하위　最先端 최첨단

(66) 1　バランス 균형, 밸런스

양국의 무역의 밸런스가 무너지지 않도록 대화를 했다.

両国 양국　貿易 무역　くずれる 무너지다　話し合い 대화
レベル 레벨, 수준　リズム 리듬　ステージ 스테이지, 무대

key point

このスポーツはバランスをとるのが一番大事です。

이 스포츠는 균형을 잡는 것이 가장 중요합니다.

一番 가장　大事だ 중요하다

(67) 1　やたらに 무턱대고, 함부로

무턱대고 해버리면 실패해 버린다.

失敗 실패　おもに 주로　すでに 이미, 벌써　すなわち 즉

key point

お金をやたらに使ってはいけない。

돈을 함부로 사용해서는 안 됩니다.

お金 돈　使う 사용하다

(68) 1　にぎやかだ 번화하다, 번잡하다

이 마을은 10년 전과 비교하면 매우 번화해졌다.

町 마을　～年前 ~년 전　比べる 비교하다　ほがらかだ 명
랑하다　さわやかだ 상쾌하다　すこやかだ 건전하다, 건강
하다

key point

この辺は週末はにぎやかだ。

이 주변은 주말은 번잡하다.

辺 주변　週末 주말

(69) 4　もどる 되돌아가다

춥군. 이미 3월인데 한 겨울로 되돌아간 것 같다.

寒い 춥다　真冬 한 겨울　～かのようだ ~인 것 같다　すく
う 구하다　さわぐ 떠들다　さめる 식다

key point

その森の中は、何万年も前にもどったかのように神秘的
だった。

그 숲 안은, 몇 만 년 전으로 돌아간 것처럼 신비적이었다.

森 숲　中 안　何万年 몇만년　前 전　神秘的 신비적

(70) 1　かえす 돌려주다, 갚다

이 전에 야마다 씨에게 2만엔 빌려 줬는데, 아직 돌려받지 못했
어.

貸す 빌려주다　こわす 부수다　おろす 내리다　おこす 일
으키다

key point

貸した本は来週までにかえしてください。

빌려준 책은 다음 주까지 돌려주세요.

貸す 빌려주다　本 책　来週 다음 주

(71) 1　区別 구별

선악의 구별이 되지 않는다.

善悪 선악　地区 지구　区間 구간　区域 구역

key point

この二つをどのように区別しますか。

이 두 개를 어떻게 구별합니까?

二つ 두 개

(72) 3　下宿 하숙

학교 앞에서 하숙하고 있다.

学校 학교　前 앞　通信 통신　紹介 소개　招待 초대

key point

この学校には下宿する学生が多い。

이 학교에는 하숙하는 학생이 많다.

学校 학교　学生 학생　多い 많다

(73) 3　順序 순서

순서 바르게 해 주세요.

番号 번호　信号 신호　下旬 하순

key point

順序を間違えて失敗してしまった。

순서를 틀려서 실패를 해 버렸다.

間違える 틀리다　失敗 실패

(74) 2　大家 집주인

집주인과 함께 살고 있다.

一緒に 함께　住む 살다　家庭 가정　台所 부엌　包丁 부엌
칼

key point

大家が家賃を送ってくれと電話をかけた。

집주인이 집세를 보내달라고 전화를 걸었다.

家賃 집세　送る 보내다　電話 전화

(75) 2　勤務先 근무처

야마다 씨의 근무처는 어디입니까?

key point

旅行先 여행처　行き先 행선지　あて先 수신처

(76) 4　プレゼント 선물

친구의 생일 선물을 샀습니다.

友だち 친구　誕生日 생일　買う 사다　カレンダー 캘린더
アパート 아파트　デパート 백화점

key point

心ばかりの誕生日プレゼントを贈ります。

마음뿐인 생일 선물을 보내드리겠습니다.

心 마음　誕生日 생일　贈る 선물을 보내다

(77) 1　なにも 유독

유독 그만이 나쁜 것은 아니다.

悪い 나쁘다　～わけではない ~것(셈)은 아니다　とっくに
이미, 벌써　あまりに 그다지, 별로　およそ 대략

key point

なにも私だけにしかるんですか。

유독 저만 꾸짖습니까?

しかる 꾸짖다

(78) 1　てきとうだ 적당하다

이 일에 적당한 사람이 발견되지 않는다.

仕事 일　見つかる 발견되다　だめだ 안 되다　ていねいだ
친절하다, 정중하다　とくべつだ 특별하다

key point

適当な機会にまた行きます。

적당한 기회에 또 가겠습니다.

適当 적당　機会 기회

(79) 1　ふとる 살찌다

취직하고 나서는 운동부족 탓인가, 조금 살쪘다.

就職 취직　運動 운동　不足 부족　少し 조금　かこむ 둘러
싸다　およぐ 헤엄치다　えがく 그리다

key point

最近ちょっと太ったからハンバーガーは食べないことに
しました。

최근에 살이 좀 쪘기 때문에 햄버그는 안 먹기로 했습니다.

最近 최근　～ことにする ~하기로 하다

(80) 4　あらう 씻다

식사 전에는 손 정도는 씻어라.

食事 식사　前 앞　手 손　～ぐらい ~정도　おくる 보내다
こえる 넘다　きえる 사라지다, 꺼지다

key point

あらったの？それにしてはきれいじゃないね。

씻었어? 그런 것치고는 깨끗하지 않군.

きれいだ 깨끗하다

(81) 3　授業 수업

수업시간에 늦었다.

時間 시간　遅れる 늦다　教授 교수　教室 교실　職業 직업

key point

授業料は大学が負担します。

수업료는 대학이 부담하겠습니다.

授業料 수업료　大学 대학　負担 부담

(82) 2　無礼 무례

무례한 말은 하지마.

동사기본형+な 금지　礼儀 예의　人工 인공　無視 무시

key point

そんな無礼な質問には答えられない。

그런 무례한 질문에는 대답할 수 없다.

質問 질문　答える 대답하다

(83) 4　吸収 흡수

흡수가 좋은 천이군요.

布 천　収入 수입　輸入 수입　呼吸 호흡

key point

小企業は大企業に吸収された。

소기업은 대기업에 흡수되었다.

小企業 소기업　大企業 대기업

(84) 1　平等 평등

인간은 모두 평등합니다.

人間 인간　評判 평판　判断 판단　好評 호평

key point

すべての人に平等を話す権利が与えられているのは当然
なことである。

모든 사람에게 평등을 말할 권리가 주어져 있는 것은 당연한 것이
다.

すべて 모든　話す 말하다　機会 기회　与える 주다　当然

だ 당연하다

(85) 1　好条件 좋은 조건
좋은 조건으로 계약했다.

契約 계약

key point

好機会 호기회, 좋은 기회　好景気 호경기　好材料 호재료,
좋은 재료

(86) 4　ナイフ 칼
칼이 없으면 이 과일을 먹을 수가 없습니다.

果物 과일　食べる 먹다　スポーツ 스포츠　ラジオ 라디오
パーティー 파티

key point

そのナイフはとてもよく切れる。
그 칼은 매우 잘 든다.

切れる 들다, 잘리다

(87) 3　あまり 그다지, 별로, 너무
상사와 별로 사이가 좋지 않다.

上司 상사　仲 사이　いくら 아무리　どきどき 두근두근
ゆっくり 천천히

key point

彼女にあまり期待をかけすぎるな。
그녀에게 너무 기대하지마!

期待 기대　동사기본형+な 금지

(88) 4　たまらない 참을 수 없다
배가 고파서 참을 수 없었다.

お腹がすく 배가 고프다　やかましい 시끄럽다　めんどう
くさい 성가시다　うすぐらい 어두컴컴하다

key point

私は菜食主義者ですから、お肉を食べさせたらたまらな
いものす。
나는 채식주의자이기 때문에 고기를 먹게 하면 참을 수 없습니다.

菜食 채식　主義者 주의자　お肉 고기

(89) 2　おちる 떨어지다
올해야말로 시험에 합격하겠다고 단언했지만, 또 떨어져 버렸다.

今年 올해　～こそ ~이야 말로　試験 시험　合格 합격　言
いきる 딱 잘라 말하다　かりる 빌리다　こおる 얼다　たた
む 개다, 접다

key point

地震の時はおちる物に気をつけてください。
지진 때는 떨어지는 물건에 주의해 주세요.

地震 지진　時 때　物 물건　気をつける 주의하다

(90) 3　ころぶ 넘어지다
넘어져서 조금 다친 정도로 울지마!

けが 부상　泣く 울다　동사기본형+な 금지　すすむ 진행되
다　たのむ 부탁하다　はかる 재다

key point

祖母は、この間階段でころんで足を痛めた。
할머니는 이전에 계단에서 넘어져서 다리를 다쳤다.

祖母 할머니　この間 이전　階段 계단　足 다리　痛める 다
치다

(91) 2　現場 현장
사고 현장으로 갔다.

事故 사고　玄関 현관　場面 장면　現実 현실

key point

警察は犯人を現場でつかまえた。
경찰은 범인을 현장에서 붙잡았다.

警察 경찰　犯人 범인　つかまえる 붙잡다

(92) 3　就職 취직
취직은 아직 정해지지 않았다.

決まる 정해지다　意識 의식　標識 표지판　認識 인식

key point

出版社に就職を申し込んだ。
출판사에 취직을 신청했다.

出版社 출판사　申し込む 신청하다

(93) 2　継続 계속
작업은 계속해 주세요.

作業 작업　契約 계약　公正 공정　誠実 성실

key point

今後も継続的な関係を続けることができれば幸いです。
앞으로도 계속적인 관계를 할 수 있으면 좋겠습니다.

今後 앞으로　関係 관계　続ける 계속하다　幸いだ 다행이
다

(94) 4　命令 명령
언제든지 명령에 따른 준비를 하고 있습니다.

したがう 따르다　準備 준비　工場 공장　用意 준비　用事

볼일

key point

行きたくないけれど、社長の命令だから、行かなければ
ならない。
가고 싶지 않지만 사장님의 명령이니까 가야만 한다.

社長(しゃちょう) 사장

(95) 2 　運命的(うんめいてき) 운명적
그녀와는 운명적인 만남이었다.

出会(であ)い 만남

key point

刺激的(しげきてき) 자극적　一般的(いっぱんてき) 일반적　精神的(せいしんてき) 정신적

(96) 1 　テーブル 테이블
테이블 위에 케이크가 반 정도 있었습니다.

半分(はんぶん) 반　フィルム 필름　ポケット 주머니　メートル 미터

key point

テーブルの上においた読みかけの本を母がかたづけてし
まった。
테이블 위에 둔 읽다 만 책을 어머니가 치워버렸다.

読(よ)む 읽다　동사ます형+かけの ~하다가 만　本(ほん) 책　母(はは) 어머
니　かたづける 치우다, 정리하다

(97) 2 　ふしぎだ 신기하다, 이상하다
신기하게도, 회사를 그만뒀더니 잘 잘 수 있게 되었다.

～ことに ~게도　会社(かいしゃ) 회사　眠(ねむ)る 자다　じょうぶだ 튼튼
하다　まじめだ 성실하다　ふべんだ 불편하다

key point

彼女がなぜあんなことを言ったのかふしぎだ。
그녀가 왜 그런 말을 했는지 이상하다.

なぜ 왜

(98) 4 　どれほど 얼마나
당신이 없는 매일이, 얼마나 외로웠던가?

さびしい 외롭다　～ことか 얼마나~했던가　何度(なんど)も 몇 번이
나　とつぜん 갑자기　ほとんど 거의

key point

ここでタバコを吸ってはいけないとどれほど言ったこと
か。
여기서 담배를 피워서는 안 된다고 얼마나 말했니?

吸(す)う 피우다　～ことか 얼마나~했던가

(99) 4 　かよう 다니다
야마다 씨는 20년 간 쉬지 않고 회사에 다녔다.

20年間(ねんかん) 20년 간　休(やす)む 쉬다　会社(かいしゃ) 회사　ひろう 줍다　ぬ
すむ 훔치다　ゆれる 흔들리다

key point

バスに乗って学校にかよっています。
버스를 타고 학교를 다니고 있습니다.

乗(の)る 타다　学校(がっこう) 학교

(100) 2 　やめる 그만두다, 끊다
지금까지 몇 번이나 술을 끊으려고 생각했던가!

今(いま)まで 지금까지　何度(なんど) 몇 번　酒(さけ) 술　思(おも)う 생각하다　～こ
とか 얼마나~했던가　もえる 불타다　まねく 초대하다　ほ
れる 반하다

key point

人に迷惑をかけることはやめてください。
다른 사람에게 폐를 끼치는 일은 그만둬 주세요.

迷惑(めいわく)をかける 폐를 끼치다

119

(1) 1　イコールだ 같다≒同じだ 같다

나는 신문의 여론조사와 국민의 여론이 같다고는 생각하지 않는다.

新聞 신문　世論(よろん·せろん) 여론　調査 조사　国民 국민　考える 생각하다　似る 닮다　関係 관계　すばらしい 멋지다

key point

보기 2번의 「似る」는 「類似だ:유사하다」와 같은 의미이며, 보기 4번의 「すばらしい」는 「素敵だ:멋지다」와 같은 표현이다.

(2) 4　きつい 힘들다≒たいへんだ 힘들다

부장님으로부터 매우 힘든 일을 부탁 받았다.

部長 부장　仕事 일　頼む 부탁하다　らくだ 편하다　簡単だ 간단하다

key point

「きつい」는 「시기적으로 그 시간까지 맞추기가 버겁다」라는 의미도 있는데, 이 때 같은 표현으로는 「きびしい」가 있다. 예를 들면, 「あしたまでレポートを出すのはきつい(きびしい):내일까지 리포트를 제출하는 것은 시간상으로 힘들다」이다.

(3) 2　たいへんに 매우, 상당히≒とても 매우

이번의 그의 그림은 매우 멋지다.

今度 이번　絵 그림　すばらしい 멋지다　あまり 별로　いわば 이른바　せっかく 모처럼

key point

같은 표현으로 「かなり:매우」「非常に:매우」「本当に:정말로, 참으로」가 있다.

(4) 2　まよう 고민하다, 망설이다≒なやむ 고민하다

진학할지 취직할지 망설였다.

進学 진학　就職 취직

key point

「まよう」는 문장의 해석으로 보면 「망설인 것」이다. 이 말은 바로 「고민을 한 것」이므로 「なやむ」와 같은 표현이 될 수 있는 것이다.

(5) 3　ただしい 바르다≒正確だ 정확하다

그가 말한 것이라면 바른 정보이겠죠.

情報 정보　信じる 믿다　つまらない 시시하다　ありえない 있을 수 없다

key point

보기 2번의 「つまらない」는 「おもしろくない:재미없다」「あ

まりだ:별로다」와 같은 표현이다.

(6) 4　だいぶ 꽤, 상당히≒かなり 매우

그녀는 나이보다도 상당히 젊게 보인다.

年 나이　若い 젊다　とっくに 이미, 벌써　もっとも 가장　はっきり 분명히

key point

문제 (3)번을 참고로 하자.

(7) 1　まなぶ 배우다≒おそわる 배우다

건강 때문에 고생하고 나서 건강의 고마움을 배웠다.

健康 건강　苦労 고생　はかる 재다　なれる 익숙해지다　ならぶ 나열되다

key point

한자로는 「学ぶ」「教わる」라고 쓴다. 그리고 「習う:배우다」「覚える:기억하다, 배우다」와 같은 의미이며, 「教える:가르치다」와 헷갈리지 않도록 하자.

(8) 2　あたりまえだ 당연하다, 일반적이다≒普通 보통

나는 단지 보통의 인간의 길을, 평범하게 걸어보고 싶은 것이다.

ただ 단지　道 길　歩く 걷다　特別だ 특별하다　有名 유명

key point

원래 「あたりまえ」는 「当然:당연」과 같은 의미인데, 이 문장에서는 「普通」와 같은 의미로 사용되었다. 보기 1번의 「いろんな」는 「いろいろな」「さまざまな:다양한」과 같은 의미이다.

(9) 1　ますます 점점 더≒さらに 더 한층

공부에 대한 흥미가 점점 강해졌다.

勉強 공부　対する 대하다　興味 흥미　ほとんど 거의　すっかり 완전히　いわゆる 이른다

key point

보기 2번의 「ほとんど」는 「ほぼ:거의」와 같은 의미이며, 보기 4번의 「いわゆる」는 「つまり:즉」「要するに:요컨대」와 같은 의미이다.

(10) 4　ながれる 무효가 되다≒中止 중지

비 때문에 축구시합은 무효가 되었다.

雨 비　試合 시합　どなる 호통치다　夜 밤　まける 패하다

key point

「ながれる」는 「흐르다」는 의미도 가지고 있다. 보기 1번의 「どなる」는 「しかる」와 같은 표현이다.

(11) 4　コック 요리사≒料理人 요리사

주방장은 기획을 하고, 조리를 하는 것은 그 밑에서 일하는 요리사입니다.

企画 기획　調理 조리, 요리　働く 일하다　生徒 학생　店長 점장　係員 담당자

key point

「調理師:요리사」와 같은 표현이며, 보기 1번의 「生徒」는 「中高生:중고등학생」과 같은 의미가 된다.

(12) 1　ふしぎではない 불가사의하지 않다≒当然だ 당연하다

저렇게 노력했기 때문에 그의 성공은 불가사의하지 않다.

努力 노력　成功 성공　苦手だ 서툴다　変だ 이상하다　地味だ 수수하다

key point

「ふしぎではない」는 「当然だ」와 같은 의미는 아니지만, 문장 속에서 같은 표현으로 사용된 것이다. 「当然だ」는 「当たり前だ:당연하다」와 같은 의미이다.

(13) 3　けっして 결코≒ぜったいに 절대로

그녀는 어떤 일이 있어도 절코 학교에 지각하지 않는다.

学校 학교　遅刻 지각　かりに 가령　すでに 이미, 벌써　どうせ 어차피

key point

「ほんとうに:정말로」와 같은 표현이 될 수 있으며, 「けっして」 다음에 오는 표현은 반드시 부정문이라는 것을 알아두자.

(14) 3　たつ 경과하다≒すぎる 지나다

이 회사에 들어온 지 3년이 경과했다.

会社 회사　入る 들어오다　やめる 그만두다　たまる 쌓이다　のこる 남다

key point

「たつ」는 한자로 「経つ」라고 한다. 명사로서 「経過:경과」도 알아두도록 하자.

(15) 2　相手 상대방≒先方 상대편

상대방의 의향을 전혀 몰랐었다.

意向 의향　全然 전혀　知人 아는 사람　自分 자신　当社 당사

key point

「相手」는 경우에 따라서 「他人:타인」과 같은 표현이 될 수 있다. 보기 1번의 「知人」과 같은 표현은 「知り合い」이다.

(16) 2　いつもの 여느 때의≒ふだんの 평소의

여느 때처럼 산책 나갔다.

명사+の通り ~대로　散歩 산책　出かける 나가다　まるで 마치　さきほど 조금 전　すべて 모든

key point

「ふたん:평소(에)」라는 의미로 사용되면 「常に:늘, 항상」과 같은 의미가 된다. 그리고 문장에 따라서는 「習慣的に:습관적으로」와도 같은 의미가 될 수 있다.

(17) 3　せいぜい 힘껏, 가능한 한≒できるだけ 가능한 한

장래를 위해서라도 가능한 한 공부해라.

将来 장래　勉強 공부　ひろびろ 넓고 넓은　ますます 점점 더　しみじみ 절실히

key point

「せいぜい」는 「기껏해야」라는 의미도 있는데, 예를 들면, 「彼はせいぜい１５才ぐらいだったと思う:그는 기껏해야 15세 정도였다고 생각한다」이다.

(18) 4　動かす 작동시키다≒操作する 조작하다

이 기계를 움직이게 하는 것은 상당히 힘들다.

機械 기계　難しい 어렵다　作成 작성　作業 작업　動作 동작

key point

「動かす」와 같은 표현으로 「作動させる:작동시키다」가 있다. 자동사는 「動く:움직이다」이다.

(19) 1　自分の家 자기 집≒自宅 자택

후배는 자기 집에 있을지도 모른다.

後輩 후배　宅配 택배　大家 집주인　自立 자립

key point

보기 3번의 「大家」는 「家主」와 같은 표현이다.

(20) 1　故障する 고장 나다≒こわれる 부서지다, 고장 나다

라디오가 고장 나서 수리를 맡겼다.

修理に出す 수리를 맡기다　たおれる 쓰러지다　くずれる 무너지다　やぶれる 패하다

key point

「故障が起きる:고장이 발생하다」도 알아두어야 하고, 보기 3번 「くずれる」는 「会社がくずれる:회사가 망하다」라는 표현을 알아두자.

(21) 2　じゃまする 방해하다≒さまたげる 방해하다, 지장을 주다

내가 하는 일을 방해하지마!

おいかける 뒤쫓다　ぶらさげる 매달다, 늘어뜨리다　ちかづける 가까이하다

key point

「妨げる」라고 한자를 쓰며 「妨害する:방해하다」도 같이 알아두자.

(22) 4　反対にする 반대로 하다≒うらがえす 뒤집다

선배는 나의 의견을 반대했다.

先輩 선배　**意見** 의견　**ふくらます** 부풀게 하다　**あまやかす** 응석을 받아주다　**ひきかえす** 되돌아오다

key point

「うらがえす」는 「학설이나 의견 등을 뒤집다」는 의미이며, 손바닥 등을 뒤집다 는 의미도 있다. 그리고 「うらぎる:배신하다」도 같이 알아두자.

(23) 3　もう一度 한 번 더≒ふたたび 재차

한 번 더 알려드리겠습니다.

知らせる 알리다　**ちっとも** 전혀　**まったく** 전혀　**まっさきに** 제일 먼저

key point

「再び」라는 한자를 사용한다. 보기 1번과 2번은 같은 의미이며, 「全然:전혀」와도 같은 표현이 된다. 이 세 개의 부사는 반드시 뒤에 부정문의(부정적인) 표현이 와야 한다.

(24) 1　格好いい 멋있다≒スマートだ 스마트하다

그는 체격이 호리호리하여 멋있었다.

体つき 체격　**ほっそりする** 호리호리하다　**やせる** 야위다　**ふとる** 살찌다　**金持ち** 부자

key point

「ハンサムだ:잘 생기다」와 같은 의미가 된다.

(25) 2　連続する 연속되다≒つぎつぎ 잇달아

생각지도 못한 사건이 연속해서 일어났다.

思いがけない 의외다　**事件** 사건　**起きる** 일어나다　**ぴかぴか** 번쩍번쩍　**ますます** 점점 더　**はきはき** 시원시원, 또렷하게

key point

「次々」라는 한자를 사용하며, 「次:다음」이라는 단어를 알고 있으면, 암기하기가 수월할 것이다. 보기 3번의 「ますます」는 「いっそう:더 한층」과 문장에 따라서는 같은 의미가 될 수 있다.

(26) 2　印象強く見える 인상 강하게 보이다≒目にたつ 눈에 띄다

그의 모습은 인상 강하게 보였다.

姿 모습　**目がまわる** 눈이 핑핑 돌다, 매우 바쁘다　**目にしみる** 눈이 아리다　**目がとおい** 이런 표현은 없음

key point

보기 1번의 「目がまわる」는 「忙しい:바쁘다」와 같은 의미이다.

(27) 3　いちだんと 한 단계 더≒いっそう 한층 더

그는 더 한층 영어가 진보했다.

英語 영어　**進歩** 진보　**さっそく** 바로, 즉시　**なんとなく** 괜히, 아무런 이유 없이　**おそらく** 아마

key point

「ますます:더더욱」과 같은 표현이다. 보기 1번의 「さっそく」는 「すぐに:바로, 즉시」와 같은 의미이며, 보기 4번의 「おそらく」는 「たぶん:아마」「きっと:틀림없이, 아마」와 같은 의미이다.

(28) 4　見つけ出す 찾아내다≒発見する 발견하다

그는 이 분야에서 지금까지 알려지지 않았던 것을 찾아내었다.

分野 분야　**今まで** 지금까지　**知られる** 알려지다　**発言** 발언　**発明** 발명　**発想** 발상

key point

「発明」은 지금까지 없었던 것을 새롭게 찾아내는 것이므로 정답이 될 수 없다. 「発明」을 설명하자면, 「今までなかったものを新たに考え出すこと:지금까지 없었던 것을 새롭게 생각해 내는 것」이라는 의미가 된다.

(29) 2　つくり直す 새로 고쳐 만들다≒改造する 개조하다

회사의 발전을 위해 조직을 새로 만들어 내었다.

会社 회사　**発展** 발전　**組織** 조직　**改善** 개선　**改正** 개정　**改良** 개량

key point

보기 1번의 「改善」은 「悪いところを改めてよくすること:나쁜 것을 고쳐서 좋게 하는 것」이라는 의미이다. 이 문장에서는 회사의 조직이 나쁘다는 표현이 없으므로 보기 1번이 정답이 될 수 없는 것이다.

(30) 4　担当する 담당하다≒うけもつ 담당하다

내 자신이 책임을 가지고 그 일을 담당하겠습니다.

責任 책임　**ことづける** 전갈을 부탁하다　**かたづける** 치우다　**とりあげる** 채택하다

key point

보기 2번의 「かたづける」는 「整理する:정리하다」와 같은 의미이다.

(31) 1　忙しい 바쁘다≒あわただしい 분주하다

이것저것 할 일이 있어 바쁘다.

やむをえない 어쩔 수 없다　**ありがたい** 고맙다　**さわがしい** 시끄럽다

key point

「目が回るほど:눈이 팽팽 돌 정도로」「手が放せない:손을 뗄 수가 없다 (그 만큼 바쁘다)」와 같은 의미이다.

(32) 3 変更がないように 변경이 없도록≒確実に 확실히

반납일을 변경이 없도록 정했다.

返却日 반납일　決める 정하다　おもに 주로　あまりに 그다지, 별로, 너무　さいわいに 다행스럽게도

key point

「変更」라는 단어의 정확한 의미를 알고 있으면 정답을 찾기가 수월하다. 「はっきり:확실히, 분명히」「きちんと:똑바로, 제대로」와 같은 의미이다.

(33) 4 反感をもつ 반감을 가지다≒反発した 반발했다

야마다 씨는 그의 언동에 반감을 가졌다.

言動 언동　反省 반성　反映 반영　違反 위반

key point

「反感」이라는 단어의 정확한 의미를 알고 있으면 정답을 찾을 수가 있을 것이다. 그리고 보기 1번의 「反省する」는 「省みる:반성하다, 뒤돌아보다」와 같은 의미이다.

(34) 2 突き出る 튀어나오다, 돌출하다≒でこぼこする 울퉁불퉁하다

도로의 표현이 튀어나와 있었다.

道路 도로　表面 표면　まごまご 갈팡질팡　ぶつぶつ 중얼중얼　にこにこ 싱글벙글

key point

보기 3번의 「ぶつぶつ」는 「一人で言う:혼자서 말하다」와 같은 의미이며, 보기 4번의 「にこにこ」는 「にっこり笑う:빙그레 웃다」와 같은 의미가 된다.

(35) 3 船が出入りするところ 배가 출입하는 곳≒みなと 항구

배가 출입하는 곳에서 살고싶다.

住む 살다　さか 비탈길　おか 언덕　ひろば 광장

key point

「さか」는 「坂道:비탈길」과 같은 의미이며, 보기 4번의 「ひろば」는 「多くの人が集まれる公共の広い場所:많은 사람이 모일 수 있는 공공의 넓은 장소」라는 의미이다.

(36) 1 深く 깊게≒ぐっすり 푹

집에 돌아왔더니 남동생은 깊게 잠들어 있었다.

家 집　帰る 돌아오다　弟 남동생　ゆっくり 천천히　すっきり 개운한 모습　にっこり 빙그레

key point

보기 2번의 「ゆっくり」는 「徐々に:서서히」와 같은 의미이다.

(37) 3 光が強すぎる 빛이 너무 강하다≒まぶしい 눈부시다

빛이 너무 강해서 선글라스를 꼈다.

かゆい 가렵다　こいしい 그립다　しつこい 끈질기다

key point

보기에 있는 각각의 형용사의 의미를 정확하게 알고 있으면 정답을 찾을 수 있다. 보기 2번은 「사람이 그립다」는 의미이고, 「なつかしい」는 「옛날 일이나 추억이 그립다」는 의미이므로 구분하도록 하자.

(38) 1 にっこり笑う 빙그레 웃다≒ほほえむ 미소짓다

어머니는 아기의 얼굴을 보면서 빙그레 웃고 있었다.

お母さん 어머니　赤ちゃん 아기　顔 얼굴　もうしこむ 신청하다　はれる 맑다　なれる 익숙해지다

key point

「にっこり笑う」는 「にこにこしている」와 같은 의미가 된다. 그리고 보기 2번의 「もうしこむ」는 「申請する:신청하다」와 같은 의미이다.

(39) 2 自然に 자연스럽게≒ひとりでに 저절로

자연스럽게 문이 열려서 깜짝 놀랐다.

開く 열다　びっくりする 깜짝 놀라다　きちんと 똑바로, 제대로　めったに 좀처럼　しきりに 끊임없이

key point

「自然に」는 「아무도 건드리지 않았는데, 저절로」라는 의미이다. 보기 1번의 「きちんと」는 「ちゃんと」와 같은 의미이다. 보기 3번의 「めったに」는 반드시 뒤에 부정문을 동반해야 하며, 같은 표현으로 「なかなか」가 있다.

(40) 2 不安になる 불안해지다≒おそれる 무서워하다, 두려워하다

모두 위험을 느껴 불안해졌다.

危険 위험　感じる 느끼다　おれる 부러지다　ゆれる 흔들리다　たおれる 쓰러지다

key point

「心配だった:걱정이었다」라고 표현해도 되며, 「おそれがある:우려가 있다」는 표현도 알아두어야 한다.

(41) 2 衣服を脱いて 옷을 벗고≒はだかで 벌거숭이로

아이는 옷을 벗고 자고 있었다.

みかた 같은 편　ゆたか 풍부함　ゆかた 목욕가운, 여름에 입는 일본의 옷 종류의 하나

key point

보기에 있는 어휘의 의미를 알고 있으면 정답을 찾을 수가 있다. 보기 1번은 「味方」라는 한자를 쓰며, 예를 들면 「私はいつもあなたの味方だよ:나는 항상 당신 편이야」이다.

(42) 4　その日のうちに 그 날 안에≒ひがえりで 당일치기로

그 날 안에 돌아오기로 하고 그녀와 교외로 나갔다.

帰る 돌아오다　～ことにする ~하기로 하다　郊外 교외
でかける 나가다　次 다음　来週 다음 주　一日中 하루종일

key point

보기 4번은 「日帰り」라는 한자를 쓰며, 「一泊二日:1박2일」이
라는 한자 읽기도 알아두도록 하자.

(43) 1　現代的 현대적≒モダン 현대적

이 나라에는 현대적인 건물이 많았다.

国 나라　多い 많다　ハンサムだ 잘생기다　すばらしい 멋
지다　高い 높다

key point

보기 1번의 「モダン」은 영어의 「modern:현대적」을 의미한다.
일본어의 カタカナ가 정확하게 영어(한국어)로 무엇인지를 아
는 것이 중요하다.

(44) 3　抜く 추월하다≒おいこす 추월하다

야마다 씨는 앞서가는 선수를 추월하여 그 앞으로 나가다.

先行 선행　選手 선수　出る 나가다　おいつづける 계속 뒤
쫓다　おいかける 추적하다, 추격하다　おいつける 들러붙
다

key point

「おいこす」는 「追う:붙다」와 「越す:넘다」의 복합동사이다. 그
리고 「抜く」는 「빼다」는 의미도 있는데, 같은 표현으로 「のぞ
く:제외하다」가 있다. 예를 들면, 「彼を抜いて:그를 빼고」는
「彼をのぞいて」와 같은 의미가 된다.

(45) 4　まける 패하다≒やぶれる 패하다

시합에 패해버렸다.

試合 시합　くずれる 무너지다　つかまえる 붙잡히다　の
ぞむ 원하다, 바라다

key point

「やぶれる」는 「찢어지다」는 의미도 있는데, 예를 들면 「不注意
で本がやぶれてしまった:부주의로 종이가 찢어져 버렸다」이
다.

(46) 2　ちょうどよい 딱 좋다≒てごろだ 적당하다

그가 이 일에 딱 좋은 사람입니다.

仕事 일　あたりまえだ 당연하다　あきらかだ 명확하다, 밝
혀지다　なまいきだ 건방지다

key point

「手頃だ」라는 한자를 쓰며, 「手頃な値段:적당한 가격」이라는
표현도 알아두자.

(47) 3　大したものではない 대단한 것이 아니다≒つまら
ない 시시하다

어제 본 영화는 대단한 것이 아니었다.

昨日 어제　映画 영화　くやしい 억울하다, 분하다　まずし
い 가난하다　やわらかい 부드럽다

key point

「大したものだ」는 「대단한 것이다」는 의미이며, 「ちょっとし
たものだった:대단한 것이었다」라는 표현도 알아두자.

(48) 1　どうしたらいいか分からず 어떻게 하면 좋을지 몰
라서≒いらいらする 안절부절못하다

그 소식을 들은 어머니는, 어떻게 하면 좋을지 몰라서 여기 저기
왔다 갔다 했다.

知らせ 소식　聞く 듣다　母 어머니

key point

「迷う:망설이다, 헤매다」와 같은 의미가 될 수 있다. 의성어와 의
태어는 N3에서 많은 비중을 차지하는 것은 아니지만, 문제 (34)
번에 있는 것과 이 문제에 있는 정답과 보기는 반드시 암기해 두
도록 하자.

(49) 3　早く 빨리≒ただちに 즉시, 바로

빨리 숙제를 해라.

宿題 숙제　かならずしも 반드시　にわかに 갑자기　ひじ
ょうに 매우

key point

「すぐに:바로」와 같은 의미이다. 그리고 보기 1번 「かならずし
も」는 반드시 부정문을 수반한다는 것을 알아야 한다.

(50) 2　思ってもみない 생각지도 못하다≒意外 의외다

생각지도 못한 일이 일어나서 난처했다.

起きる 일어나다　困る 곤란하다　すてきだ 멋지다　すっ
ぱい 맛이 시다　さわがしい 시끄럽다

key point

「思いがけない:의외다, 생각외다」와 같은 표현이다. 「思いも
寄らない:생각지도 못하다」라는 표현도 알아두자.

(1) 1 ゆき 눈

1 눈이 많이 내려서 움직일 수 없었다.
2 선생님이 있는 장소를 가르쳐 주세요. → 場所 장소
3 봄이 되면 많은 꽃이 핀다. → 春 봄
4 전화를 걸어도 받지 않았다. → 電話 전화

降る 내리다　動く 움직이다　先生 선생님　教える 가르치다　花が咲く 꽃이 피다　出る 전화를 받다

key point
「ゆき」라는 단어의 의미만 알고 싶으면 정답을 찾을 수 있다. 「風が吹く:바람이 불다」, 「霜が降りる:서리가 내리다」, 「霧がかかる:안개가 끼다」라는 표현도 알아두자.

(2) 1 おれい 답례, 인사

1 선생님께 전날의 일로 인사(답례)를 했다.
2 그것은 밖의 추운 곳에 내어 두어주세요. → 外 밖
3 나이 탓인지 아버지의 머리카락에 하얀 것이 보였다. → せい 탓
4 야마다 씨에게는 항상 여러 가지 신세를 지고 있습니다. → お世話になる 신세지다

先日 전날　寒い 춥다　所 장소　出す 내다　置く 두다　年 나이　父 아버지　髪 머리카락　白い 하얗다　見える 보이다

key point
「お礼」라는 한자를 사용한다. 다른 예문으로 「お礼の手紙:감사편지」「お礼の気持ちを表す:감사의 마음을 표현하다」가 있다.

(3) 3 とどける 통지를 하다

1 비가 내리지 않는데 우산을 쓰고 있는 사람이 있었다. → かさをさす 우산을 쓰다
2 많은 숙제로 난처합니다. → こまる 곤란하다
3 주소가 바뀌어서 회사에 알렸다.
4 비가 내릴 것 같이 하늘이 흐려졌다. → くもる 흐리다

雨 비　降る 내리다　宿題 숙제　住所 주소　変わる 바뀌다　会社 회사　동사ます형+そうだ ~할 것 같다　空 하늘

key point
「とどける」는 「배달하다, 신고하다」는 의미도 있는데, 예를 들면 「荷物はおとどけしましょうか:짐은 배달해 드릴까요?」「拾った財布を交番にとどけた:주운 지갑을 파출소에 신고했다」이다.

(4) 2 したがって 따라서, 그래서

1 새로운 자동차를 사고 싶다. 그러나 돈이 전혀 없다. → でも 하지만, 그러나
2 그는 매우 핸섬하다. 그래서 여성에게 인기가 있다.
3 돈이 있어도 인간은 결국 죽을 때는 죽는다. → 結局 결국

4 오늘은 이것으로 실례하겠습니다. 또 만납시다. → また 또

新しい 새롭다　車 자동차　買う 사다　全然 전혀　女性 여성　人気 인기　人間 인간　死ぬ 죽다　失礼 실례　会う 만나다

key point
접속사의 의미 말고 「～にしたがって」라고 하여, 「~함에 따라」라는 의미도 있다. 예를 들면 「経済がよくなるにしたがって消費も増加した:경제가 좋아짐에 따라 소비도 증가했다」이다.

(5) 3 こいしい 사람이 그립다

1 이것은 결혼식에 어울리는 음악이다. → ふさわしい 어울리다
2 아이들이 노는 모습을 보고 옛날 일이 그리워졌다. → なつかしい 그립다
3 헤어진 그녀가 갑자기 그리워졌다.
4 막 구운 빵은 부드럽다. → やわらかい 부드럽다

結婚式 결혼식　音楽 음악　遊ぶ 놀다　姿 모습　昔 옛날　別れる 헤어지다　急に 갑자기　焼く 굽다, 태우다　동사과거형+ばかり 막~함

key point
「こいしい」는 반드시 「사람」에 대해서만 사용하고, 「なつかしい:그립다」는 「옛날 일이나 추억」에만 사용되고, 「사람」에 대해서는 사용할 수 없다.

(6) 4 秒 초

1 양말은 한 켤레밖에 가지고 있지 않습니다. → 足 켤레
2 어제는 집에서 비디오(영화)를 세 편이나 보았다. → 本 영화를 세는 단위
3 엽서를 석 장 샀다. → 枚 장
4 전철은 10초 늦게 출발했다.

くつした 양말　持つ 들다, 가지다　昨日 어제　家 집　はがき 엽서　買う 사다　電車 전철　遅れる 늦다　出発 출발

key point
단위를 나타내는 문제는 자주 출제되는데, 건물을 세는 단위 「軒:채」, 동물을 세는 단위 「匹」, 새를 세는 단위 「羽」도 같이 알아두자.

(7) 2 プログラム

1 음악의 리듬에 맞추어서 춤추었다. → リズム 리듬
2 모두와 함께 신인교육의 프로그램을 만들었다.
3 그녀와 같은 성격이 매우 마음에 든다. → 性格 성격
4 큰 무대에서 기타를 연주하는 것이 꿈이다. → 舞台 무대

音楽 음악　合わせる 맞추다　一緒に 함께　新人 신인　教育 교육　作る 만들다　気に入る 마음에 들다　演奏 연주

夢 꿈

key point

텔레비전의 프로그램은 「番組」라고 한다. 「カタカナ」는 그 의미만 알고 있으면, 쉽게 정답을 찾을 수 있는데, 다른 예를 들면 「いろんなプログラムがある公演だった:여러 가지 프로그램이 있는 공연이었다」이다.

(8) 4 それでも 그래도

1 커피로 하겠습니까? 그렇지 않으면 홍차로 하겠습니까? → それとも 그렇지 않으면
2 지난주부터 열이 엄청났습니다. 그래서 결석했습니다. → それで 그래서
3 당신도 가지 않아? 그럼 나도 안 갈 거야. → それでは 그럼
4 그녀는 예쁘고 친절하지만, 그래도 나는 그녀가 좋아지지 않는다.

紅茶 홍차 先週 지난주 熱 열 欠席 결석 親切だ 친절하다 好きだ 좋아하다

key point

「でも」와 같은 의미이다. 다른 예를 들면, 「だれも彼の作品をほめないがそれでも立派だと私は思う:아무도 그의 작품을 칭찬하지 않지만, 그래도 훌륭하다고 나는 생각한다」이다.

(9) 1 おそろしい 무섭다

1 생각지도 않았던 무서운 사건이 일어났다.
2 이 케이크는 만든 지 얼마 되지 않아 매우 맛있다. → おいしい
3 상냥한 그도 가끔은 화를 낼 때도 있습니다. → やさしい 상냥하다
4 도로공사 때문에 아침도 밤도 매우 시끄럽다. → うるさい 시끄럽다

思い 생각 事件 사건 起きる 일어나다 作る 만들다 동사과거형+ばかり 막~함 たまには 가끔 怒る 화를 내다 道路 도로 工事 공사 朝 아침 夜 밤

key point

「恐ろしい」라는 한자를 쓰며, 「怖い:무섭다」와 같은 표현이다. 「恐れる:두려워하다, 우려하다」 「おそれがある:우려가 있다」라는 표현도 알아두자.

(10) 4 ポスター 포스터

1 복사기에 종이가 걸려서 나오지 않는다. → コピー機 복사기
2 캘린더에 그녀의 생일을 체크했다. → カレンダー 캘린더
3 그녀가 그린 그림이 슬라이드로 흐르고 있었다. → スライド 슬라이드
4 매우 큰 포스터가 벽에 붙여져 있었다.

紙 종이 出る 나오다 誕生日 생일 描く 그리다 絵 그림 かべ 벽 はる 붙이다

key point

「ポスト:우체통」과 비교해서 암기하도록 하자. 예를 들면 「ポストに手紙を入れた:우체통에 편지를 넣었다」이다.

(11) 3 毛皮 모피

1 사과는 껍질을 깎고 먹어라. → かわ 껍질
2 마당에 잔디를 심었다. → しばふ 잔디
3 추워서 모피 코트를 입고 외출했다.
4 바지가 커서 벨트를 단단히 맸다. → ベルト 벨트

むく 껍질을 깎다 食べる 먹다 にわ 정원, 마당 植える 심다 寒い 춥다 着る 입다 でかける 외출하다 かたい 단단하다 しめる 매다

key point

한자 읽기도 시험에 자주 출제되는데, 「毛:털」과 「皮:가죽」의 복합어이다. 그리고 「毛糸:털실」도 암기하도록 하자.

(12) 1 ものすごい 엄청나다, 굉장하다

1 가게가 망해서 엄청난 빚을 졌다.
2 이 식물은 추위에 강하다. → つよい 강하다
3 여름이 되면 태양이(햇살이) 강해진다. → つよい 강하다
4 외국에서 밤에 혼자서 걷는 것은 매우 위험하다. → あぶない 위험하다

店 가게 つぶれる 망하다 借金 빚 植物 식물 寒さ 추위 夏 여름 日 날, 태양 外国 외국 夜 밤 歩く 걷다

key point

「すごい:굉장하다」를 강조한 표현이다. 문장에 따라서는 「大変な:엄청난」과 같은 표현이 될 수 있는데, 예를 들면 「大変な(=ものすごい)苦労をした:엄청난 고생을 했다」이다.

(13) 3 なまける 게으름피우다

1 매일 잔업으로 매우 피곤하다. → つかれる 피곤하다
2 별로 중요한 것이 아니기 때문에 하지 않아도 괜찮을 것이다. → やる 하다
3 공부를 게을리 해서 어머니께 혼났다.
4 하루 종일 계속 걸었기 때문에 피곤했다. → つかれる 피곤하다

毎日 매일 残業 잔업 非常に 매우 大事だ 중요하다 勉強 공부 母 어머니 しかる 꾸짖다 一日中 하루 종일 歩く 걷다

key point

「おこたる:게으름피우다」와 같은 의미로서 「게으름뱅이」는 「なまけもの」라고 한다.

(14) 1 トップ 톱, 정상, 우두머리

1 회사의 사장이 정한 것이니까 따라라.
2 휴가 계획은 아직 세우지 않았다. → プラン 계획

3 커피 컵을 선물하면 기뻐하겠죠? → コップ 컵

4 나는 어느 쪽인가 하면 수수한 타입입니다. → タイプ 타입

会社 회사　決める 정하다　したがう 따르다　休み 휴가
立てる 세우다　贈る 선물로 보내다　よろこぶ 기뻐하다
地味だ 수수하다

key point

「世界のトップを占めている:세계 정상을 차지하고 있다」라는 예문도 알아두도록 하고, 사람 외에 제품이나 지위 등에도 사용할 수 있다.

(15) 1　なんでも 뭐든지

1 뭐든지 해 줄 테니 말해 봐.

2 그의 꿈을 들었더니 왠지 신바람 났어. → なんか 왠지

3 모두 하고 있는데 왜 당신은 하지 않니? → どうして 왜

4 죄송합니다만, 그것에 대해서는 뭐라고도 말할 수 없습니다.
　　→ なんとも 뭐라고도

君 너, 자네　夢 꿈　わくわくする 신바람 나다, 들뜨다

key point

「なにも:아무 것도」와 비교해서 암기해야 하는데, 예를 들면, 「かばんの中にはなにもなかった:가방 안에는 아무 것도 없었다」이다.

(16) 2　きびしい 엄하다, 혹독하다

1 산 위에서 본 경치는 멋졌다. → すばらしい 멋지다

2 혹독한 훈련을 받아서 녹초가 되었다.

3 모두 재미있다고 말했지만, 나는 시시했다. → おもしろい 재미있다

4 집에다가 차까지 가지고 있다니, 정말로 부럽다. → うらやましい

景色 경치　訓練 훈련　受ける 받다　疲れる 피곤하다, 지치다　つまらない 시시하다　持つ 들다, 가지다

key point

「きびしい」는 「정적인 날씨가 심하다」라는 의미도 있는데, 예를 들면 「きびしい暑さ:혹독한 더위」「きびしい寒さ:혹독한 추위」이다.

(17) 4　はち 화분

1 텔레비전을 보고 있는 동안에 아버지가 돌아 왔다. → 〜うちに ~동안에

2 합격한 것은 선생님 덕분이다. → おかげ 덕분

3 가능한 한 가도록 하겠습니다. → 〜かぎり ~한

4 베란다에는 화분이 놓여져 있었다.

父 아버지　帰る 돌아오다　合格 합격　先生 선생님　〜ようにする ~하기로 하다　置く 두다, 놓다

key point

「はち」라는 단어의 의미를 알아야 정답을 찾을 수 있다. 「枝:가지」「かびん:꽃병」「根:뿌리」「実:열매」라는 단어도 알아두자.

(18) 3　いくつ 몇 개

1 이 물건은 얼마 지불하면 됩니까? → いくら 얼마

2 아무리 먹어도 배가 부르지 않는다. → いくら〜ても 아무리 ~해도

3 개최시간에 관해서, 몇 갠가 부탁이 있습니다.

4 야마다 씨의 생일은 언제입니까? → いつ 언제

物 물건　食べる 먹다　お腹 배　開催 개최　時間 시간　〜に関して ~에 관해서　お願い 부탁　誕生日 생일

key point

「いくつ」는 「수량」을 물을 때나 나이를 물을 때 사용되는데, 「おいくつですか:몇 살입니까?」「今年いくつになりますか:올해 몇 살이 됩니까?」도 알아두자.

(19) 1　プレゼント 선물

1 여러분에게 멋진 상품을 선물해드리겠습니다.

2 이 책을 일본어로 번역해 주세요. → 翻訳 번역

3 나무에는 많은 열매가 있었다. → 木 나무

4 창문을 열었더니 바람이 들어왔다. → まど 창문

すてきだ 멋지다　商品 상품　致す 「する-하다」의 겸양어
本 책　日本語 일본어　実 열매　開ける 열다　風 바람　入る 들어오다

key point

「おみやげ」「おくりもの」와 같은 의미인데, 「おみやげ」는 「특정한 목적이 없이 사는 선물」을 말하고, 「おくりもの」는 「특정한 목적을 가진, 즉, 생일이나 졸업, 승진 등을 위한 선물」을 의미한다.

(20) 4　絶対 절대

1 겨우 숙제가 끝나서 한숨 놓았다. → やっと 겨우

2 이렇게 맛있는 것은 처음입니다. → こんなに 이렇게

3 무사히 도착했기 때문에 전화 드렸습니다. → 無事に 무사히

4 몸에 나쁘기 때문에 절대 담배는 피우지 않는다.

宿題 숙제　終わる 끝나다　はじめて 처음　体 몸　悪い 나쁘다　吸う 피우다　着く 도착하다　電話 전화

key point

「絶対」는 「긍정문과 부정문」을 동시에 수반한다. 긍정문에서 사용될 때는 주로 「무조건」이라고 해석이 되는데, 예를 들면 「私も絶対行きます:저도 무조건 가겠습니다」이다.

(21) 1　核家族 핵가족

1 최근 핵가족이 늘고있는 중이다.

2 감기 들었는지, 남동생은 기침을 하고 있다. → せき 기침

3 쓸 것이 많이 있기 때문에 펜을 들고 가는 편이 좋습니다. →

ペン 펜

4 과식해서 위가 아팠다. → 胃 위

最近 최근   増える 늘다   동사ます형+つつある ~하는 중이다   かぜをひく 감기 들다   書く 쓰다   持つ 들다   食べる 먹다   痛い 아프다

key point

기침은「咳」라는 한자를 사용하며,「核爆弾:핵폭탄」도 같이 알아두자.

(22) 2   寄る 들르다

1 뒷모습이 너무 닮아서 사람을 착각해버렸다. → 似る 닮다
2 근처까지 왔기 때문에 잠시 들렀습니다.
3 쓰레기가 이 만큼 어질러져 있으면, 혼자서 전부 치울 수 없다. → ちらかる 어질러지다
4 대학은 나왔지만 취직난으로 직업을 찾을 수 없다. → 見つかる 발견되다

後ろ 뒤   姿 모습   人違い 사람을 잘못 착각함   近く 근처   全部 전부   かたづける 치우다, 정리하다   大学 대학   出る 나오다   就職難 취직난   仕事 일

key point

「寄り道:지나가는 길」도 알아두어야 하며,「寄ってみただけだ:(지나가는 길에) 들러본 것 뿐이야」라는 표현도 알아두자.

(23) 1   たった 단

1 단 3일의 여행이라고 해도, 준비는 필요하다.
2 앞으로 1시간 뒤에 공연이 시작됩니다. → あと+숫자 앞으로~
3 벌써 시간이 되었는데 좀처럼 오지 않는군요. → なかなか 좀처럼
4 시간이 벌써 이렇게 되었으니 슬슬 돌아갈까요? → そろそろ 슬슬

三日 3일   旅行 여행   準備 준비   必要 필요   公演 공연   始まる 시작되다   帰る 돌아가다

key point

「ただ:단, 단지, 다만」과 같은 표현이며,「たった一度ここに来たことがある:단 한번 여기에 온 적이 있다」「たった一人で待った:오로지 혼자서 기다렸다」라는 표현도 알아두자.

(24) 1   プロ 프로

1 프로 선수라고 해도, 일반인에게 패하는 경우도 있습니다.
2 이 텔레비전 프로그램은 매우 재미있어서 인기가 있다고 한다. → 番組 프로그램
3 내일 미국 그림의 전시회를 보러 가지 않겠습니까? → 展示会 전시회
4 지금까지 전혀 공부하지 않기 때문에 고생하고 있다. → 苦労 고생

選手 선수   一般 일반   負ける 패하다   人気 인기   明日 내일   絵 그림   今まで 지금까지   全然 전혀   勉強 공부

key point

보기 2번은 한국어적인 표현이므로 주의하도록 하자. 그리고 아마추어, 초보자 등의 의미를 가진 단어는「素人」이다.

(25) 3   素直だ 정직하다

1 회사는 너를 중심으로 돌아가고 있는 것이 아냐. → 中心 중심
2 부모의 이혼이 계기가 되어 그 아이는 비행에 빠지게 되었다. → きっかけ 계기
3 당신이 모를 리가 없다. 정직하게 말을 해!
4 히라가나와 가타카나는 한자를 바탕으로 만들어졌다. → ～をもとに ~을 바탕으로

会社 회사   君 너   回る 돌다   知る 알다   ～わけがない ~리가 없다   漢字 한자   作る 만들다

key point

「素直だ」는「자연스럽다」는 의미도 있는데, 예를 들면「素直な文章:자연스러운문장」「彼の歌い方は素直だ:그가 노래하는 방법은 자연스럽다」이다.

(26) 2   みじめだ 비참하다

1 한가할 때는 놀러와 주세요. → ひまだ 한가하다
2 회사에서 해고가 되어 비참한 생활을 하고 있다.
3 이번에도 실패했습니까? 유감이군요. → ざんねんだ 유감이다(시도 실패에 대한 위로를 할 때는 반드시「ざんねん」을 사용한다.
4 아이가 고등학교의 수학 문제를 모르는 것은 당연하다. → あたりまえだ 당연하다

遊ぶ 놀다   会社 회사   首になる 해고되다   暮らし 생활   今度 이번   失敗 실패   子供 아이   高校 고등학교   数学 수학

key point

「惨めだ」라는 한자를 쓰며,「惨めな光景:비참한 광경」「惨めな暮らしぶり:비참한 생활모습」등의 표현도 알아두자.

(27) 4   うら 뒤

1 그는 항상 믿기 어려운 이야기를 하고 있다. → 話 이야기
2 잠시 슈퍼마켓에 간다고 하고 나간 이후로 지금까지, 그녀는 돌아오지 않았다. → 동사과거형+きり ~한 이후로 지금까지(~하지 않다)
3 발자국이 크기 때문에 아무래도 범인은 남자 같다. → 足あと 발자국
4 책의 뒤쪽에 가격이 적혀 있다.

信じる 믿다   동사ます형+がたい ~하기 어렵다   言う 말하다   出て行く 나가다   帰って来る 돌아오다   犯人 범인

本 책　値段 가격　書く 쓰다

key point

「うら」는 「정면과 반대」「두 면 중에서 표면과 반대의 면」이라는 의미인데, 「うしろ:위치적으로 뒤」와 비교해서 암기하도록 하자. 그리고 「うらばなし:뒷이야기」라는 표현도 알아두도록 하자.

(28) 2　リスク 위험

1　비용이 많이 들어서, 이익이 되지 않는다. → コスト 비용
2　이런 종류의 장사는 벌이도 큰 대신에 위험도 크다.
3　책상 위에 컴퓨터가 있었다. → デスク 책상
4　그 영화의 마지막 장면에서 울어버렸다. → ラスト 마지막, 라스트

利益 이익　種 종류　商売 장사　もうけ 벌이　〜かわりに ~대신에　映画 영화　シン 장면　泣く 울다

key point

「危険:위험」과 같은 의미이다. 「リスクの大きい仕事:위험이 많은 일」「リスクをおかす:위험을 무릅쓰다」는 표현도 알아두자.

(29) 4　きらくだ 편하다

1　그가 범인이라는 것이 명백해졌다. → あきらかだ 뚜렷하다, 명백하다
2　불가사의한 일이 일어나서 모두 놀랐다. → ふしぎだ 불가사의하다
3　손님에게는 친절하게 말해 주세요. → ていねいだ 친절하다, 정중하다
4　일도 없이, 편한 시간을 더욱 원한다.

犯人 범인　起きる 일어나다　びっくりする 놀라다　お客さん 손님　話す 말하다　仕事 일　時間 시간

key point

「気楽」라는 한자를 사용한다. 한자를 알고 있으면 의미를 파악하기가 수월할 것이다. 경우에 따라서 「楽だ:편하다」와 같은 의미가 될 수 있으며, 「気軽だ:부담 없다」는 표현도 알아두자.

(30) 3　あまり 그다지, 별로

1　맛있는 가게였기 때문에 많은 사람이 줄서 있었다. → たくさんの 많은
2　역시 이 수학문제는 어렵군요. → やっぱり 역시
3　야마다 씨는 정치가로서는 그다지 활약이 없는 사람이었다.
4　그렇게 가고 싶어했기 때문에 틀림없이 올 거라고 생각합니다. → きっと 틀림없이

店 가게　並ぶ 줄서다　数学 수학　問題 문제　難しい 어렵다　政治家 정치가　〜にしては ~치고는, ~로서는　活躍 활약　来る 오다

문법적으로 「あまり」는 「~한 나머지」라는 의미도 있는데, 예를 들면 「悲しさのあまり:슬픈 나머지」「寂しさのあまり:외로운 나머지」이다.

(31) 1　はげしい 격렬하다, 세차다(동적인 날씨)

1　갑자기 세찬 비가 내렸다.
2　심한 더위 속에서 어떻게 보내십니까? → きびしい 정적인 날씨가 심하다
3　야마다 선생님은 다른 선생님보다 엄하다. → きびしい 엄격하다
4　공사 때문에 집 주변이 시끄럽다. → うるさい 시끄럽다

いきなり 갑자기　雨が降る 비가 내리다　暑さ 더위　過ごす 보내다　他 다른　工事 공사　周り 주변

key point

동적인 날씨라고 하면 움직이는 날씨를 의미하는데 「雨:비」「台風:태풍」「雪:눈」「風:바람」등이다.

(32) 4　かむ 물다

1　좀 더 글자를 크게 써 주세요. → かく 쓰다
2　그에게 부탁 받아서 일을 하고 있습니다. → たのむ 부탁하다
3　그 곳에 있는 소금을 집어 주세요. → とる 집다
4　개에게 물린 곳이 지금도 아프다.

もう少し 조금 더　字 글자　大きい 크다　仕事 일　しお 소금　いぬ 개　ところ 곳　今も 지금도　痛い 아프다

key point

「かむ」는 「이나 이빨」로 무는 경우를 나타내며, 입술로 가볍게 무는 것은 「くわえる」라고 하는데, 예를 들면 「タバコをくわえる:담배를 물다」이다.

(33) 1　実際 실제

1　이 영화는 실제로 일어난 사건을 바탕으로 해서 제작되었다.
2　정말로 재미있는 영화이군요. → 実に 실로, 참으로
3　이 일을 한 사람이 정말로 야마다 씨입니까? → 本当に 정말로
4　회사를 그만두고 나서 현재는 아무 것도 하고 있지 않습니다. → 現在 현재

映画 영화　起こる 일어나다　事件 사건　〜をもとにして ~을 근거로　製作 제작　仕事 일　会社 회사　辞める 그만두다　〜てから ~하고 나서　何も 아무 것도

key point

「実は:실은」같은 의미이며, 「実に:실로 – 놀람과 감탄을 나타내는 부사」와 비교해서 암기하도록 하자.

(34) 2　苦心 고심

1 여러분, 수고하셨습니다. → ご苦労さま 수고함

2 작문을 쓰는데 고심했다.

3 진심을 담아 편지를 썼다. → まごころ 진심

4 진심으로 감사합니다. → まことに 진심으로, 참으로

作文 작문　書く 쓰다　동사기본형+のに ~하는데　こめる 담다　手紙 편지

key point

한자를 한국어로 읽을 수만 있으면 정답을 찾을 수 있다. 그 외에 「苦労:고생」「苦しい:괴롭다」도 알아두자.

(35) 4　カード 카드

1 좀 어두우니 불을 켜 주세요. → 電気 전기

2 봉투에 우표를 붙여서 아버지께 편지를 부쳤다. → 切手 우표

3 옷장 안에는 많은 옷이 있었다. → たんす 옷장

4 현금이 만 엔밖에 없기 때문에, 카드를 사용할 수밖에 없다.

暗い 어둡다　封筒 봉투　はる 부치다　父 아버지　手紙 편지　出す 내다, 부치다　服 옷　現金 현금　一万円 만 엔　~しかない ~밖에 없다　使う 사용하다

key point

「クレジットカード」에 줄인 말이다. 현금은 「キャッシュ」라고 하기도 한다.

(36) 2　たいくつだ 지루하다, 심심하다

1 이것은 단순히 생각하는 편이 좋다. → 単 단순

2 아무 것도 할 일이 없어서, 지루한 하루를 보냈다.

3 밤늦게 기타를 치는 것은 다른 사람에게 폐를 끼치는 일이다. → めいわくをかける 폐를끼치다

4 모두 앞에서 좋아한다고 들어서 부끄러웠다. → はずかしい 부끄럽다

考える 생각하다　一日 하루　送る 보내다　夜おそく 밤늦게　ひく 연주하다　前 앞　好きだ 좋아하다

key point

「退屈だ」라는 한자를 쓰며 다른 예문을 보면 「退屈な話:지루한 이야기」「退屈な演説:지루한 연설」「退屈な仕事:지루힌 일」등이다.

(37) 1　おしい 아깝다

1 시시한 영화를 보는 것은 시간이 아까운 법이다.

2 일주일이나 청소를 하지 않기 때문에 방안은 더러웠다. → きたない 더럽다

3 눈이 아주 큰 귀여운 아기이군요. → かわいい 귀엽다

4 애인이 유학 가버려 매우 외롭다. → さびしい 외롭다

つまらない 시시하다　映画 영화　時間 시간　一週間 일주일　掃除 청소　部屋 방　目 눈　大きい 크다　赤ちゃん 아기　恋人 애인　留学 유학

key point

「おしい」는 「정신적, 감정적으로 아깝다」는 의미이지만, 「もったいない」는 「물질적」으로 아깝다는 의미이다. 예를 들면, 「まだ使われるのに捨てるのはもったいない:아직 사용할 수 있는데 버리는 것은 아깝다」이다.

(38) 1　まじめに 성실하게, 진지하게

1 농담을 빼고 진지하게 생각해 주세요.

2 여러분의 이용, 진심으로 감사합니다. → まことに 진심으로

3 선생님의 수업은 정말로 어려웠다. → ほんとうに 정말로

4 휴일에는 주로 영화를 보거나 친구를 만나거나 합니다. → おもに 주로

冗談 농담　~ぬきで ~을 빼고　考える 생각하다　利用 이용　授業 수업　難しい 어렵다　休日 휴일　映画 영화　友だち 친구　会う 만나다

key point

「まじめだ:성실하다」라는 な형용사를 알고 있으면 의미를 파악하기 쉽다. 다른 예를 들면 「まじめにやっているのに分かってくれない:성실히 하고 있는데 알아주지 않는다」「まじめにやりなさい:성실하게 해라」등이다.

(39) 3　チーム 팀

1 모두 흐르고 있는 음악의 리듬에 맞추어서 노래했다. → リズム 리듬

2 실망하지 말고 힘을 합쳐 열심히 합시다. → 力 힘

3 억울하게도 1점차로 상대 팀에게 패해버렸다.

4 피곤해서 의자에 앉아서 조금 쉬었다. → いす 의자

流れる 흐르다　音楽 음악　合わせる 맞추다　歌う 노래하다　がっかりする 실망하다　がんばる 열심히 하다　悔しい 억울하다　~ことに ~게도　点 점수　差 차이　相手 상대방　負ける 패하다　疲れる 피곤하다　座る 앉다　少し 조금　休む 쉬다

key point

「チームワーク:팀웍」이라는 단어도 알아두자. 「うちのチーム:우리 팀」「相手チーム:상대팀」등으로도 사용된다.

(40) 1　直角 직각

1 직각이 되도록 선을 그어주세요.

2 저 모퉁이를 오른쪽으로 돌면 은행이 있다. → 角 모퉁이

3 이 길을 똑바로 가주세요. → まっすぐ 똑바로

4 그 일을 선생님께 정직하게 말했다. → 正直 정직

線をひく 선을 긋다　右 오른쪽　まがる 돌다　銀行 은행　道 길　先生 선생님

key point

「直線:직선」「正直:정직」이라는 단어도 알아두자. 그리고 「直

角をなす:직각을 이루다」라는 표현으로도 사용된다.

(41) 4　うっかり 깜빡

1　작년보다 현저히 생산량이 늘었다. → めっきり 현저히
2　이 아이는 초등학생치고는 (생각이나 행동이) 똑바르다. →
　　しっかり 제대로, 똑바로
3　이미 4월로 완전히 봄이 되었다. → すっかり 완전히
4　숙제를 깜빡 집에 두고 와버렸다.

去年 작년　生産量 생산량　上がる 오르다　子 아이　小学
生 초등학생　春 봄　置く 두다

key point

「ついうっかりする:그만 깜박하다」라는 표현도 알아두어야 한
다. 예를 들면, 「ついうっかりして宿題を置いて来てしまっ
た:그만 깜박해서 숙제를 두고 와버렸다」이다.

(42) 2　たおれる 쓰러지다

1　라디오가 고장나서 수리에 맡겼다. → こわれる 고장 나다
2　나무가 쓰러져 있기 때문에 이 이상 나아갈 수 없다.
3　나무 가지가 바람으로 부러져 있다. → おれる 부러지다
4　추위로 손가락이 얼어버렸다. → こおる 얼다

修理に出す 수리를 맡기다　木 나무　以上 이상　進む 나아
가다　枝 가지　風 바람　寒さ 추위　指 손가락

key point

「倒れる」라는 한자를 사용하며, 타동사는 「倒す:쓰러뜨리다」이
다. 그리고 「회사가 망하다」는 표현은 「会社がつぶれる」라고
해야 한다.

(43) 4　おかしい 이상하다

1　애완동물이 죽어버려 매우 슬펐다. → かなしい 슬프다
2　이 사진을 보면 항상 옛날 일이 그리워진다. → なつかしい
　　그립다
3　이 마을은 10년 전보다 눈부시게 발전했다. → めざましい
　　눈부시다
4　그는 항상 이상한 이야기를 하기 때문에 싫습니다.

死ぬ 죽다　写真 사진　昔 옛날　町 마을　発展 발전　話 이
야기

key point

「変だ:이상하다」와 같은 의미이다. 그리고 「おかしい」는 「재미
있다」라는 의미도 있는데, 예를 들면 「彼の話はおかしくてみ
んな笑った:그의 이야기는 재미있어서 모두 웃었다」이다.

(44) 4　がんじょうだ 튼튼하다

1　냉장고 안에는 신선한 채소가 많이 있었다. → 新鮮だ 신선
　　하다
2　이 일에 적합한 사람이 아무도 없었다. → 手頃だ 적당하다
3　하루종일 복사만 하는 것은 지루한 일이다. → たいくつだ
　　지루하다, 심심하다

4　할아버지는 나이는 먹었지만 상당히 튼튼하다.

冷蔵庫 냉장고　野菜 채소　仕事 일　一日中 하루종일　祖
父 할아버지　年を取る 나이를 먹다　なかなか 상당히

key point

한자로는 「頑丈」라고 쓰며, 비슷한 말로 「丈夫だ」가 있다. 「頑
丈」은 「물건이나 사람」이 튼튼하다는 의미이므로, 노인에게 사
용할 때는 「건강하다」는 뜻으로 사용된다.

(45) 2　コンテスト 콘테스트

1　선수들은 그라운드에서 연습하고 있었다. → グラウンド 그
　　라운드
2　이 회장에서 매월 외국인 스피치콘테스트가 열리기로 되어
　　있다.
3　이 가방의 디자인이 마음에 들지 않는다. → デザイン 디자
　　인
4　컴퓨터의 화면이 갑자기 꺼져버렸다. → 画面 화면

選手 선수　練習 연습　会場 회장　外国人 외국인　開く 열
다　～ことになっている ~하기로 되어 있다　気に入る 마
음에 들다　いきなり 갑자기　消える 사라지다, 꺼지다

key point

「コンテスト」는 「コンクール:콩쿠르」「大会:대회」를 의미한
다. 「写真コンテスト:사진 콘테스트」「クイズコンテスト:퀴
즈 콘테스트」도 알아두자.

(46) 3　とっくに 이미, 벌써

1　일본어는, 특히 한자가 어렵다. → 特に 특히
2　당신에게만 특별히 가르쳐드리겠습니다. → 特別に 특별히
3　내 생각은, 선생님은 벌써 알고 있었다.
4　이렇게 해도 딱히 문제는 없다고 생각합니다. → 別に 딱히

日本語 일본어　漢字 한자　難しい 어렵다　考え 생각　知
る 알다　問題 문제

key point

「とっくに」는 항상 「과거형」을 수반해야 한다. 같은 표현으로
「すでに」「もう」가 있는데, 「もう」는 현재형, 과거형 둘 다 올
수 있지만, 「すでに」는 「とっくに」와 마찬가지로 항상 「과거
형」을 수반한다.

(47) 3　はらが立つ 화가 나다

1　이 강을 건너려면 배가 필요하다. → 川 강
2　산의 정상에서 본 경치는 멋있었다. → 山 산
3　그의 거짓말에 화가 났다.
4　그 이야기를 들은 선생님은 표정이 나빠졌다. → かお 얼굴,
　　표정

渡る 건너다　동사기본형+には ~하려면　船 배　必要 필요
頂上 정상　景色 경치　すばらしい 멋지다　うそ 거짓말

話 이야기　悪い 나쁘다

key point

「はらが立つ」는 관용구이지만, 자주 사용되는 표현이므로 알아두도록 하자. 그 외에 「はらが黒い:엉큼하다」「はらを割る:허심탄회하게 이야기하다」도 알아두자.

(48) 4　ドア 문

1　부주의로 컵의 글라스를 깨어버렸다. → グラス 글라스
2　많이 달렸기 때문에 손수건으로 땀을 닦았다. → ハンカチ 손수건
3　자동차의 타이어에 공기를 넣었다. → タイヤ 타이어
4　비상시에는 이 문으로 피난해 주세요.

不注意 부주의　割る 깨다　走る 달리다　汗 땀　ふく 닦다
車 자동차　空気 공기　入れる 넣다　非常 비상　避難 피난

key point

「ドア」의 의미만 알고 있으면 정답을 찾을 수 있다. 보기 3번이 정답이 될 수 없는 이유는, 「空気を入れた」라는 표현이 있기 때문이다. 그 외에 「ドアを開く:문을 열다」「ドアを閉める:문을 닫다」「ドアをたたく:문을 두드리다」도 알아두자.

(49) 3　収集日 수집일, 수거일

1　가게는 판매원을 모집하고 있었다. → 募集 모집
2　저의 취미는 영화를 보는 것입니다. → 趣味 취미
3　내일은 쓰레기 수거일입니다.
4　당사에는 매일로 응모해 주세요. → 応募 응모

店 가게　販売員 판매원　映画 영화　明日 내일　当社 당사

key point

일본어에서는 쓰레기 「수거」라는 어휘를 「収集」로 표현한다. 한국어와는 다르므로 주의할 필요가 있다.

(50) 2　ゆれる 흔들리다

1　테이블에서 컵이 떨어져 깨져 버렸다. → われる 깨지다
2　배가 심하게 옆으로 흔들렸다.
3　좀 무거우니 역까지 운반해 주세요. → はこぶ 운반하다
4　내릴 곳을 지나쳐 버렸다. → すぎる 지나다

落ちる 떨어지다　船 배　ひどい 심하다　よこ 옆　重い 무겁다　駅 역　降りる 내리다　ところ 곳

key point

「揺れる」하는 한자를 사용한다. 동사의 의미를 정확하게 알고 있으면 정답을 찾는데 어려움은 없다. 다른 예로서 「地震でビルが揺れた:지진으로 건물이 흔들렸다」가 있다.

MEMO

상상 N3 문자 어휘

초판인쇄_ 2018년 10월 15일
초판발행_ 2018년 10월 22일
저자_ 이장우
펴낸이_ 이장우
펴낸곳_ 도서출판 예빈우
등록일자_ 2014년 1월 17일
등록번호_ 제 398 - 2014 - 000001호
주소_ 경기도 구리시동구릉로129번길24, 103동 801호 (인창동 성원아파트)
전화_ 070-8621-0070   팩스_ (051) 558 - 2238
홈페이지_ www.leejangwoo.com (이장우닷컴)
이메일_ jpt900@hanmail.net

ISBN 979-11-86337-03-5 / 세트 979-11-86337-00-4 (14730)